人事担当者必携

女性活躍推進

12社のキーパーソンが語るインタビュー集

ダイバーシティコンサルタント　植田　寿乃［監修］
産労総合研究所［編］

経営書院

はじめに

　女性活躍推進，ダイバーシティ推進という言葉が聞かれ始めたのは，2005年くらいからでしょうか。それから9年ほどがたち，2014年のいま，女性活躍推進，ダイバーシティ推進に取り組んでいない企業はもはやなくなりつつあります。

　海外においてダイバーシティ（diversity，多様性）といえば，人種や宗教が大きなテーマであるのに対し，日本では，同じ価値観をもった軍隊型男性社会からの脱却をめざして，女性の社会進出や活躍がメインテーマとして取り上げられています。

　2005年当時は，女性活躍推進やダイバーシティ推進の必要性を十分に理解して積極的に取り組もうとする企業は非常に少なく，多くの企業の経営陣や人材開発部門の方々の意識は「うちの業界，うちの会社には関係がない」といったものだったと思います。

　しかし，その後，少子高齢化による労働人口の減少により，10年後，20年後には労働力不足に陥るというデータが公表されると，それが自社の将来の人員構成にもあてはまると気づき始め，この課題に対処していくために，多くの企業が女性が働き続けられる企業となるための取組みを始めました。その際，多くの企業は育児支援などの制度，いわゆる箱モノづくりを進め，その結果，寿退社をする女性は減り，女性が働き続けられる体制が整った企業は増えました。

　私が2007年から主宰している「女性と組織の活性化研究会（http://newo.jp/）」でも，2010年ころには，寿退社する女性はほとんどいなくなったという企業が多数を占めていました。しかし，では女性が活躍できる企業になったのかというと，女性管理職比率がいっこうに上がらないなど，残念ながらまだまだ取組み半ばといった企業がほとんどです。

いま日本は，給料が増えないばかりか，いつ，自分の会社が買収されたり，自分の働いている部門がリストラされるかわからない，不安定で先が見えにくい時代にあります。そうしたなかで，これまでの夫が稼ぎ，妻は専業主婦あるいはパートという従来型（片働き）の夫婦の形態が成り立たなくなってきました。20代の人たちにとっては，結婚しても女性が働き続けることは常識となってきているのです。

　このようななか，2013年4月に安倍晋三首相が掲げたアベノミクスの「成長戦略」の1つの大きな柱として，「女性活躍推進」「女性管理職育成」があげられました。その追い風を受けて，多くの企業が2013年から女性管理職の育成に必死に取り組み始めています。そうした企業のなかには，2014年1月から上場企業の女性管理職や女性役員の人数，勤続年数や育休からの復職率などを公表するとした政府の取組みなどのプレッシャーにより，やっと重い腰を上げたところもあります。

　しかし，始まりはなんであるにせよ，重い腰でも上がったからには後は前進あるのみです。取り組むスピードは速いに越したことはありませんが，それより大切なのは，女性活躍推進，ダイバーシティ推進の重要性をしっかりと認識し，本気で取り組むことです。そのためには，キーパーソンたちの熱意が欠かせません。

　では，キーパーソンとはだれでしょうか？　女性活躍推進やダイバーシティ推進とは，組織風土の改革です。それは，1人の経営トップや現場リーダーの求心力だけで成し遂げられるものではありません。会社の方向性を舵取りする経営トップと，ダイバーシティ推進を担い，けん引していく現場リーダーの双方がタッグを組んで進めていくことで，活動は飛躍的に進みます。つまり，1人のキーパーソンではなく，キーパーソンたちでなくてはならないのです。

本書には，まさに経営トップと現場リーダーのキーパーソンがタッグを組み，すてきなハーモニーを奏でながら，女性活躍，ダイバーシティを推進している様子が描き出されています。きっと多くの企業の参考になると思います。

　最後に，ダイバーシティ推進のゴールについてお話ししたいと思います。国が掲げている「2030」（2020年までに女性管理職比率30％をめざす）は，1つの目標であり，達成ゴールです。しかし，経営トップ層や現場担当者には，数値だけではない目標を意識してほしいと思います。それは，本気で組織風土の改革に取り組むということです。
　私なりに，女性管理職育成の推進度合いとダイバーシティな企業風土への変化を5段階で表してみました。

第1段階　女性管理職がまったくいない，育たない
　　　　　⇒　オールドキャリアの軍隊型組織
第2段階　女性管理職はいるが，ガンダム女（未婚または結婚しても子どもなしで仕事一筋）だけ
　　　　　⇒　オールドキャリアの軍隊組織
第3段階　ワーキングマザーとして活躍している女性管理職が半分はいる
　　　　　⇒　ニューキャリア時代のダイバーシティな組織に変化する途中
第4段階　育児休業や短時間勤務を取りながらワーキングマザーとして活躍している女性管理職がいる
　　　　　⇒　ニューキャリア時代のダイバーシティに変化している活き活き組織
第5段階　短時間勤務のまま管理職に昇格した女性がいる
　　　　　⇒　ニューキャリア時代をリードするダイバーシティな組織

この5段階目に到達したとき，その企業はダイバーシティな組織風土が確立できたといえるでしょう。それは会社が，オールドキャリア時代の滅私奉公，長時間労働を評価する組織体質から，限られた時間のなかで，仕事の質を評価し生産性を上げる組織へと変化し，いろいろな人生を背負った人たちが互いに助け合いながら，活躍できる組織になったことを意味します。ぜひここをめざしてほしいと思います。

　本書は，『人事実務』2011年8月号から2013年8月号までの連載をまとめて，加筆・修正したものです。2年間の連載でご登場いただいた12社の企業の方々には，深く感謝申し上げます。そして，私自身，多くの女性が現場のキーパーソンとして輝き続けていることを，本当にうれしく思っています。
　そして，連載がこのような本としてまとめられ数多くの方々の目に触れることは，『人事実務』編集部の片上理絵さんのおかげにほかなりません。深い感謝を込めて。

2014年1月吉日　植田寿乃

　本書は，企業の人事・労務担当者向けの専門誌『人事実務』（産労総合研究所）で，2011年8月号から2013年6月号までの隔月で連載（全12回）した「キーパーソンに聞く　わが社のダイバーシティ」と，2013年8月号の植田寿乃氏へのインタビューに加筆・修正したものです。内容，肩書きは取材時のものとなります。また，各事例の最後には，2013年11月現在の取組みと担当者のいまを追った「その後」を付けています。

もくじ

はじめに

I キーパーソンに聞く 女性活躍推進の取組み

カルビー ……………………………………………………… 3
　　松本晃会長／後藤綾子氏／中野衣恵氏

オール・デサント労働組合 …………………………… 19
　　菅原昌也委員長／篠原梨沙氏／渡邊薫氏

富国生命保険相互会社 ………………………………… 31
　　米山好映社長／昌宅由美子氏／女性管理職勉強会「JEWEL♡STAR」のメンバー

全日本空輸 ………………………………………………… 43
　　伊東信一郎社長／槙田あずみ氏／柿沼郁子氏

新日鉄住金エンジニアリング（旧・新日鉄エンジニアリング） … 57
　　高橋誠社長／増田梓氏／飛塚美紀氏

カシオ計算機 ……………………………………………… 69
　　持永信之執行役員／飯野彩子氏／寺島惠美子氏／吉本真美氏

東日本旅客鉄道 …………………………………………… 83
　　冨田哲郎社長／松澤一美氏／柴田晴美氏／中川晴美氏

QUICK ……………………………………………………… 99
　　鎌田真一社長／伊藤朋子氏／末本栄美子氏

ミニストップ ……………………………………………… 111
　飯久保明人事部長／木下朋子氏／中井智律子氏

常口アトム ……………………………………………… 125
　佐藤裕美女性活躍推進部部長／大岡奈津子氏／松崎茜氏

キヤノン ………………………………………………… 137
　大野和人取締役人事本部長／福井啓貴氏／鈴木麻子氏

パナソニック エイジフリーショップス ……………… 149
　斎藤隆輔常務取締役／小松多恵子氏

II　インタビュアー・植田寿乃氏に聞く
これからの女性活躍推進

未来を拓く女性活躍推進―企業風土と意識を変える― ……… 163

I キーパーソンに聞く女性活躍推進の取組み

　ダイバーシティの推進は，キーパーソンの強い意志と，現場の推進担当者の創意工夫，熱い想いが重要なカギを握っています。12社のキーパーソンは，さまざまな状況のなかで試行錯誤しながら，どのように変革を進めていったのでしょうか。植田寿乃氏が各社のキーパーソンに，推進への思いなどについてインタビューします。

※インタビュー内容，肩書きは，各社の最初のページに記載しております取材当時のものです。なお，インタビュー記事後の各社の取組みと担当者の「その後」は，2013年11月現在のものです。

カルビー

キーパーソン

代表取締役会長 兼 CEO

松本 晃 氏

ダイバーシティ推進部
部長

後藤 綾子 氏

ダイバーシティ推進部

中野 衣恵 氏

　ポテトチップスなどの菓子・食品の製造・販売を行うカルビー㈱では，松本晃会長の指揮の下，2010年から女性活躍推進，ダイバーシティ推進に取り組んでいます。取材では，キーパーソンの松本晃会長とダイバーシティ推進部部長の後藤綾子さん，中野衣恵さんにお話をうかがいました。
　カルビーの女性活躍推進の原動力となっているのは，松本会長の経営者としての確たる信念と，後藤さんたちスタッフのがんばりです。松本会長は，ダイバーシティは「企業成長の必須事項」「会社をよくするための投資」と明言し，それを実行しています。このようなキーパーソンの信念，想い，情熱，行動力こそ，社員を動かし，ダイバーシティを推進するのです。

（取材日：2011年6月1日）

ダイバーシティがいやなら会社を辞めたら？

—— カルビーさんのダイバーシティをみると，松本会長の強烈なメッセージに驚きます。いつダイバーシティに目覚められたのですか。

松本会長 目覚めたんじゃなくって，目覚めさせられたんです。ジョンソン・エンド・ジョンソンにいたとき（1999年代表取締役社長，2008年最高顧問），日本は女性の活用がまったくできていない，そんな会社はだめになるよと言われました。そこで社長になって2年後の2001年に，35・25・25（全社員の35％は女性，管理職の25％は女性，執行役員の25％は女性）という目標を決めて始めました。世の中には男と女しかいないのに，その半分を使わないという手はない。だから女性をどんどんプロモーション（昇進）させましたよ。そうしたら，みんな男性と同じくらい仕事がよくできるんです。私は，女性は男性より優秀とも思わないし，優秀じゃないとも思わない。一緒ですよ。日本の場合は，多様性推進に対する8割の力を女性活用に注いだほうがうまくいきます。

—— ジョンソン・エンド・ジョンソンという外資と，カルビーとでは，女性活用で大きなギャップはありましたか。

松本会長 ないです。結局，トップマネジメントで上から浸透させていくしか手がない。ダイバーシティが従業員に浸透するには，ステップがあります。最初は"理解しない"。次に，"一応理解はするが，実行はしない"。そしてやっと，"理解もして実行もしていく"という順になる。カルビーでは，ダイバーシティという言葉は浸透したと思いますが，理解をし始めたところでしょうか。ダイバーシティは急にやってもうまくいきません。だからこちらから強制してやらせます。たとえば，ある部門にスタッフが100人いて，何十人いる管理者すべてが男性だとすると，「来年は女性管理職を何人にする？」と数値目標を決めてやります。それが実現できない男性管理職は，管理職として失格にするわけです。

—— 松本会長は2008年にカルビーの社外取締役に，そして2009年に会長になら

カルビーグループのダイバーシティの取組み

2010年4月　ダイバーシティ委員会がスタート
　　　11月　第1回カルビーグループ ダイバーシティ・フォーラム開催
2011年2月　ダイバーシティ委員で合宿
　　　 4月　2011年度ダイバーシティ委員会スタート

女性比率：32.7%（2011年3月末・正社員）
女性管理職比率：7.9%（2011年4月・正社員）

ダイバーシティのビジョン

どの職域でも，いろんな人が「イキイキ」と働いている
育児・介護などの制約がある人も活躍できる制度・風土
コミュニケーションが活発
一人ひとりに自信とやる気とチャレンジ精神
ライフもワークも充実
ワクワクするやりがいのある毎日！
一人ひとりの成長　→　カルビーの成長

カルビーダイバーシティ宣言

掘りだそう，多様性。育てよう私とCalbee。
互いの価値観を認めあい，最大限に活かしあう。
多様性こそCalbee成長のチカラ。
「ライフ」も「ワーク」もやめられない，とまらない。

ダイバーシティの
ロゴマーク

れましたが，この間どんなことをされたのですか。

松本会長　私がやったのは，せいぜい6つか7つです。その中で非常に大きなものが，ダイバーシティと社会貢献です。これは「私の方針としてやる。いやな人は会社を辞めたら？」と言っています（笑）。今までやってきたことが悪かったわけではないけれど，新生カルビー（2010年本社を東京丸の内に統合・移転，2011年3月11日東証一部上場）は，ダイバーシティや社会貢献の大切さに気がついて早く取り組まないと損をするし，会社がよくならない。とくに会社が成長しようと思ったら，ダイバーシティ抜き

にはできません。

フォーラムを推進のアクセントにする

―― そうした，会社にとって大きな課題であるダイバーシティの推進責任者に，後藤さんを抜擢したのはどうしてですか。

松本会長 当社に潜在能力の高い女性はたくさんいます。しかし，この仕事はある程度マネジメントのできる人をリーダーにしたほうがうまくいく。だから後藤さんにお願いしました。リーダーシップがありますし，最適任者だったと思います。大変よくやってくれていますよ。

―― では後藤さん，ご自身のこの会社での経験や，ダイバーシティの推進責任者となってからの体験やご苦労などをお話しください。

後藤氏 8年間ほど営業をやっていましたが，9年前に急に社長秘書をやってみないかと言われ，当時の創業家社長の秘書になりました。松本が会長になってからは，私に会うたびに，「ダイバーシティ」ってつぶやくんです（笑）。そのころはダイバーシティの意味もほとんど知らなくて，なんだろうと思っていました。松本から「この会社に女性は何人？　女性の管理職は何人？」と聞かれてもわからなくて人事部に聞いて報告すると，「何これ，1世紀遅れてるね」と言われました。

―― それを聞いてどう思われましたか。

後藤氏 正直言って驚きました。女性はたくさんいるし活躍しているようにみえていたので，そんなに遅れているとは思っていませんでした。でも，管理職の女性比率はわずか5.9％でした。その後，ダイバーシティの本を読んだり，勉強会に出席したりして，世の中の動きに気がついたんです。自分も活躍していると思っていましたが，ただがんばっているだけで活躍の意味が違うんだと。そういう視点で管理職の会議をみると，出ているのは男性ばかりで，「女性は留守番扱いなんだ」と考えるようになりました。

　そして，2010年の4月にダイバーシティの推進責任者になり，委員会を立ち上げました。社外の会合や先進企業の話を聞きにいっている中で，と

カルビー

▶左から順に松本会長，後藤氏，中野氏，植田氏

ても視野が広がったんです。そうして学びながら，1年目はなんでもやってみました。当時は自分の将来のキャリアも描き切れてなかったので，考えるきっかけにもなり，ありがたかったです。
―― 委員会はどのようして立ち上げたのですか。
後藤氏 社内のバランスを考えながら，各事業本部から1人と関係会社も入れるなどして，15人の委員で立ち上げました。最初は，「なんで私がここにいるんだろう」という人もいましたが，委員会で話をしているうちにだんだんまとまってきました。そして，2010年11月にダイバーシティのフォーラムを開催したことで，チームワークがすごくよくなりました。
―― フォーラムは大きなイベントでしたね。会長のアイデアが基になっていると聞いていますが，なぜ開催しようと思われたのですか。
松本会長 ダイバーシティの取り組みは毎日のことなんですが，やはりアクセントが必要です。今回はうまくやってくれたからよかったです。
―― 内容もインターナショナルで楽しいフォーラムでしたね。
松本会長 あのようなイベントには，3つの要素が入ってないとダメなん

です。セレブレイション，モチベーション，エデュケーションです。これらをいかにバランスよくおくかが大事です。当社の従業員は，なんでもまじめにするのですが，コツみたいなノウハウをもっていない。私の仕事は，自分のもっているノウハウを，どれだけ短期間でこの会社に伝えられるかだと思っています。だから，ケチケチせずにノウハウを出して，できるかぎり簡単に教えておく。そうすると皆さん忘れないでしょ（笑）。

―― 後藤さんは大変だったと思いますが，やり遂げる間にいろいろ貴重な経験をされたのでしょうね。

後藤氏　委員をハンドブック部，アンケート部，イベント部の3つの部会に分けて，私とイベント部でフォーラムを担当したのですが，開催直前の9，10月まで内容が決まらなくて，すごく悩みました。ただ，参加者がつまらなかったと思うフォーラムにだけはしたくなかったので，初めに参加者同士で自己紹介をしてもらうなど，ガヤガヤした空気にするよう気を配りました。参加者からも「委員が楽しそうでいいね」と言われ，それもあってがんばることができたと思っています。

　しかし，終わってすぐに「来年のフォーラムはどうしよう」と思いました。次はもっといいものにしないといけないので，今も悩んでいます（笑）。そんなときは，先ほど松本が言ったイベントの3要素を思い出して，1つひとつ確認しながら自分たちで考えます。でも松本に相談に行くと，アドバイスをもらえるので助かります。

松本会長　私は大原則しか言いません。本当は自分でやったほうがうまいと思ってるけれど（笑），それでは意味がないからやらない。任せて，悪かったら文句を言う。そのくらいのプレッシャーの下でやってもらったほうが，うまくいくんですよ。そうすれば，やった人は自分が成し遂げたことに自信をもちます。新しいことにどんどんチャレンジしてもらうと，私が想定していた以上に皆さんよくできますよ。

後藤氏　フォーラムの後，松本が委員会のメンバーにランチをごちそうしてくれました。「よくやった，65点だけど…」と（笑）。そういう場があることによって，自分たちは職場に帰るとまだアウェイだけど，会社はちゃ

んと認めてくれているんだとわかって，委員のモチベーションも上がります。

女性がトップになったほうがよくなる

—— 松本会長は，この1年をどんなふうにみられていますか。

松本会長 たしかに従業員の意識は変わってきましたね。少なくとも，ダイバーシティという言葉を80～90％の人が理解するようになりましたから。だんだん，取り組まないといけないかなと思うようになってきました。

—— フォーラムの後，委員会はどうなりましたか。

後藤氏 フォーラムが終わって，2011年度の方針作成で悩んでいたときに，委員から「合宿をしてみませんか」という提案が出たので，2月に合宿をしました。そこでみんなから「女性管理職比率を上げるために集まっていると思われるのがいや」という意見が出ました。私も，女性管理職比率はダイバーシティの1つの指標であって，本当はもっと他のことがあるはずと思っていました。そこで合宿では，雑誌などからイメージをもち寄るコラージュという手法を使いながら，『2017年のダイバーシティが実現したカルビーはどうなっているか』について意見を出し合いました。

—— では，2011年度の委員会はどうなっていますか。

後藤氏 4月1日までに新しい委員を決めるため，2月に公募をかけ，応募者の面接をしました。手が挙がらなかった事業部にはお願いに行ったり，女性だけの委員会にはしたくなかったので，男性にも個別にお願いに行きました。今年の部会は，キャリア支援部会，コミュニケーション部会，工場部会の3つです。昨年は，お手本にした企業でも工場で進めているところが少なかったので，当社でもとくに工場に向けては取り組んでいませんでした。すると工場の人から，「私たちにはまったく関係ない話ね」という意見が出たので，今年は『自分事』にしてもらおうと，各工場から必ず1人出てもらいました。2011年度の委員は，男性6人を含む28人です。

—— 委員がとても増えましたね。これからは後藤さんと中野さんが中心となって委員会を運営していくのですね。

後藤氏　2010年は運営担当は私1人でした。今年は中野が新たに入ったので，委員の人数が増えた分，2人で力を合わせて一体感を保ちながら，みんなのモチベーションを上げていきたいと思っています。

―― 中野さんは運営担当になってどうですか。

中野氏　委員にも，「ダイバーシティって何？」から始まった人がたくさんいます。1回目の委員会には松本も飛び入り参加をしました。それだけでもモチベーションが上がって，これから自分の職場でどうしていこうかと真剣に考えてくれる人が増えました。この気持ちを継続してもらうためにどうしていくかが私たちの課題です。それから，工場の方は定期的に集まるのが難しいので，どうやってコミュニケーションを取っていくかというのも課題です。

―― 松本会長は各事業所を回られて，若手や管理職と語り合う「松塾」を開催されていますが，現場をみてどんな印象でしたか。

松本会長　この会社の女性は，私が想像していた以上に優秀です。そういう人たちに，今まで機会を与えてこなかったのは残念です。最初はジョンソン・エンド・ジョンソンよりもう少し時間がかかると思っていたけれど，もっと早くできるかもしれないですね。

―― それは期待できそうですね。ジョンソン・エンド・ジョンソンではどのくらいで実現したのですか。

松本会長　6年です。当時，事業部長が14人でしたが，そのうち6人が女性です。そして，女性が事業部長である事業部のほうがパフォーマンスが高い。その原因はリーダーシップだと思います。女性の上司について，あれこれ言う人はいますが，そんなの関係ないです。上司が女性であろうが外国人であろうが，慣れたらなんてことはない。だから，当社も早く女性管理職を増やさないとダメですね。

―― 今，まさにそれが始まっているということでしょうか。

松本会長　そうですね。ジョンソン・エンド・ジョンソンの場合は，日本ではほとんどセールス＆マーケティングで，そういうところは女性が活用しやすい。カルビーのような製造業だといくらかしづらい。しかし私は，工場のトップが女性であってもいいと思います。実際に，カルビーのタイ

の工場長は女性です。カルビーはペプシコと提携（2009年）していますが，ペプシコのCEOはインド人の女性です。また，カルビーの社外取締役は，ペプシコのアジアの社長ですが，こちらもトルコ人の女性です。

　カルビーは女性がトップになったほうがよくなると思います。最大の理由は，当社の商品を買っているのがほとんど女性だからです。だから，次の社長が女性であってもおかしくない。まだまだ皆さん理解はしていないので，そのくらい刺激的なことを言っておかないとね（笑）。

投資をしないと会社はよくならない

―― すごく刺激的ですてきな言葉ですね。ところで，松本会長は経営者として，ダイバーシティにお金をかけられていますね。あまりお金をかけない会社が多いのですが，そのあたりはどう考えておられますか。

松本会長　お金をかけるのはあたり前です。個人がよくなる，会社をよくする，すべて経費ではなく投資です。経費ならやりません。投資しないと会社はよくならない。ダイバーシティは会社をよくするためにやっているのですから，投資をするのはあたり前です。

―― お金をかけているからこそ，委員会やフォーラムなど，いろいろなことができるのですね。

松本会長　そうです。でも，フォーラムにお金がかかるといっても，わずかなものですよ。2010年のフォーラムは65点と言いましたけど（笑），1回目としては大変よくできたと評価しています。皆さんのモチベーションも上がったしね。今年はどこでどうやってやるのかな。楽しみです。

―― すばらしいのは，イベント自体より，従業員を全国から呼ぶことにお金をかけていることです。一人ひとりへの投資と考えられているからですね。ダイバーシティが進んだ3年後くらいには，この会社の雰囲気は大きく変わると思いますか。

松本会長　ええ，変わります。いつの時代も守旧派は残りますが，それは仕方がない。そういう人たちは損をするだけです。

―― 後藤さん，1年たって部長になって委員も増えましたが，今と昨年とでは，

取り組む気持ちや，自分が思うダイバーシティやカルビーの未来も違いますか。
後藤氏　トップは，2012年度末に女性管理職比率15％という数字を掲げていますが，今までは，管理職になる女性たちや周囲への準備ができていなかったと思っています。「いやです」という人を無理やり引っ張り上げる方法もありますが，なかなかうまくいかないと思うので，女性自身も周囲も納得して管理職になっていくための支援をしていきたいと考えています。それから，委員自身がロールモデルになっていく状況にしていければとも思っています。
松本会長　それには，もっと失敗することが大事ですよ。すべてうまくいくということは，世の中ではあり得ない。女性で管理職に上げた人でダメな人もいます。だからといって女性がダメかというと，そんなことはない。今まで男性もいっぱい上げていますが，失敗例はたくさんあります。同じことなんです。日本のほとんどの会社が女性を活用していない今がチャンス。10年や15年したら日本もすっかり変わると思います。

やらせてみて女性の才能を開花させる

—— 私もそう思います。5年で変わってほしいですけどね（笑）。後藤さんは現場の感覚で，男女関係なく社内で変化が出てきていると感じますか。
後藤氏　社内でダイバーシティという言葉の理解は進んでいますし，やらないと会社にいられなくなるのではないかという空気も感じます。ただ，「やります」と言ってくれた人に具体的に何をしてもらうかというと，一人ひとりできることが違うと思います。そのため，2011年は材料や刺激を与えたり，学んでもらえるようなアプローチを行っていこうと思います。
　2010年はダイバーシティってこういうことなんですよと説明してきました。でも，まだ理解されていない部分もあるのでそれは今年も続けつつ，ターゲットをはっきりさせてアプローチしていくことで，実際の道筋を示したいと思っています。また，カルビーのダイバーシティの取組みはワンパターンではなく，工場や地域ごとにできることが違います。委員主導で，この工場ではこんなことをやりましたというのを自慢し合って，まねでき

ることはまねするということもあっていいと思っています。
―― 中野さんはどうですか。
中野氏　まず，自身のキャリアを考え，気づき，成長し，活躍する場をもてる女性になるための研修を，委員会で行いたいと考えています。それから，昨年のフォーラムに私は参加できなかったのですが，ビデオをみて雰囲気は感じることができたので，今年はもっといろいろ考えて，前回以上のものにしたいと思っています。
松本会長　今年のフォーラムの開催地は東京以外がいいですね。なんでも東京中心でやっていると，結局，地方の人たちのサポートが得られませんからね。
―― なるほど。それもいいポイントですよね。カルビーさんは優秀な人を表彰する「アワード」を開催していますが，2011年5月の表彰式は京都でされたんですよね。
松本会長　意外なところでやったほうがいいですよ。「どうしてこんなところでやってくれるのかな？」から始まって，地元の方たちは絶対味方になります。東京の人も，別のところでやったほうが楽しいですよ。
―― 最後になりますが，女性にはもっと上をめざしてほしいですね。
松本会長　そうですね。本当に能力のある人が多いですよ。それは男性も女性も一緒です。
―― ただ，女性はまだ才能が開花していなくてもったいないですね。
松本会長　だれでもその才能を使わないと開花しませんよ。とにかくやらせてみないと。やらせてみて，できない人は仕方ないですよ。会社では，従業員の数もある程度はそうですけど，管理職の数は定員です。女性の管理職を増やしたら，その分，男性は減ります。これはあたり前のことです。優秀な人がたくさんいるからといって，サッカーでうちのチームだけ14人も選手がグラウンドにいるなんてあり得ない。11人しか出られません。そんなあたり前のことをちゃんと皆さんに理解していただいて，うかうかしていたら，あなたの地位も危ないよと。そのくらい思わせないとダメです。
―― 本日はどうもありがとうございました。

カルビーに取材したのは2011年6月。それから2年以上経ち，いま，女性活躍推進の活動は本社，工場，個人へと広がっているそうです。取材後の様子について，後藤綾子さんたちに聞きました。

（取材日：2013年9月19日）

▶▶▶カルビーのその後…

・毎年，「ダイバーシティフォーラム」開催，「ダイバーシティアンケート」実施
・2011年から「工場部会」「キャリア支援部会」，2012年から「セカンドドリーム部会」が活動中
・2011年から，「明日へつなげる自分のチカラ発見講座」（女性のためのキャリア支援講座）を開催。2013年は受講対象を男性へ拡大
・2012年から「晃さん（会長）とダイバーシティについて語ろう」（会長と女性従業員による座談会）を実施。2013年は会長と本部長の座談会を実施
・伊藤秀二社長と管理職によるワークショップを実施
・社内イントラネット・社内報で委員会の活動を報告

▶▶▶後藤綾子さんのその後…

取材当時，ダイバーシティ推進部部長兼ダイバーシティ推進委員会委員長だった後藤綾子さんは，2012年4月からは広報部部長という新しいフィールドで活躍している。

異動の話があったときは驚くと同時に，まだダイバーシティの担当としてやりたいことがあったため戸惑ったという。そのとき思い浮かんだのは，2011年に委員会メンバーと合宿をしたときの様子だ。「合宿で『2017年のダイバーシティが実現したカルビーはどうなっているか』を話し合った際に，めざす1つの姿として女性が取材を受けている写真があり，その横に『広報部長も女性になっている』と書いてあったのを思い出したのです。広報はこれまで経験がなく不安もありましたし力不足だとも思いました

が，みんなで描いた未来の姿が現実にやってきたのに断ってはいけないと思いました」と後藤さんは話す。

広報部には後藤さんのほか，9人の部下と育休中の部下2人がいる。これだけの部下をもつのは，委員会活動を除くと初めてだという。後藤さんの主な仕事は，経営層に対するテレビや雑誌からの取材対応や危機管理対応などである。ダイバーシティに関する取材依頼がくることも多いが，そのときは委員長だったときの知識や社内ネットワークがあるため，「この内容だったらあの人に出てもらおう」というように，適任者がすぐに思い浮かぶそうだ。「お願いすると私の依頼は断れないのか（笑），みんな引き受けてくれます」と語る。取材で，一緒に活動していた仲間に会えるのは，ダイバーシティという種まきを自らして，その収穫時期に居合わせたようでうれしくなるそうだ。

また，担当から離れたことで，これまでとは違った視点で委員会活動をみることができるようにもなったという。活動をしているときは，女性活躍を進めていくことが一番大事だったが，広報部にきて，急を要する仕事などでダイバーシティが大事とはわかっていてもイベントに参加することができないなど，従業員にも事情があることが理解できた。

「社業がしっかりしていてこそ，女性活躍やダイバーシティに取り組めるのだと思います。広報部にきたことで，現場の思いも委員会の思いも両方をわかったうえで一番よい方法を探るという視点がもてたのでよかったです」と話す。

▶▶▶現在の委員会メンバー

後藤さんの後任としてダイバーシティ委員会の委員長になったのは，現在，人事総務本部本部長で，カルビーにいる3人の女性役員のうちの1人である江木忍さんだ。

後藤さんは後任が江木さんと聞いて「安心してお願いできる」と思ったという。江木さんは，ダイバーシティ委員会の委員長にと言われたとき「責任重大だ」と身の引き締まる思いがしたそうだ。「後藤がここまで作り上げたものを引き継ぐだけではだめだ。人事部門に任されたということは，

制度や仕組みなどで変革を加速するという意味が込められている」ととらえたという。

　ちなみに，女性役員のうちの1人，中日本事業本部長は，現在短時間勤務をしているワーキングマザーだ。

　そして，江木さんの下で専任で委員会の運営を行っているのがグループ会社従業員の佐藤恭子さん。カルビーでは，ダイバーシティ委員会発足時からカルビー本社・工場・グループ会社で横断的に活動を行ってきた。佐藤さんは，後藤さんが委員長だったときに委員会活動に興味をもち，委員会に参加するようになった。その後，委員会や上司の後押しもあり，2012年4月からの3期委員に立候補しメンバーとなり，委員会専任だった中野衣恵さんが育休に入ることになったため，2012年10月に後任になった。

　「まさか自分が委員会の専任になるとは思っていませんでしたが，成長のチャンスだと考え，思い切って飛び込みました。女性活躍推進はダイバーシティ推進の第一歩だと思い，委員会メンバーやOG，OB，他部門の仲間とともに一生懸命取り組んでいます」と佐藤さんは話す。

▶▶▶現在の委員会活動について

　ダイバーシティ委員会では，1～2年目は育児支援などの諸制度をわかりやすくまとめた「D-BOOK」の発行や，短時間勤務者を集めたミニイベントなど，女性活躍推進に向けた啓発活動を中心に行ってきた。その結果，女性活躍推進やダイバーシティという言葉は社内でも周知されてきたが，個人の意識や工場・グループ会社の取組内容にはまだまだ温度差がある。また，従業員間には「どうして女性や子育て中の人への取組みだけなのか」といった疑問や，「女性活躍推進といわれても，製造現場で自分たちの仕事とどう結びつけたらいいのかわからない」という意見もある。

　そんななか，現場が主役の事例も生まれている。栃木県にある新宇都宮工場では，委員会メンバーが中心となり，育児中の短時間勤務者たちが，自分たちの活躍の場を自ら考え自ら創造しよう！と立ち上がり，周囲の協力を得て，短時間勤務者だけで構成するチームを2012年6月に結成した。

チームのメンバーは，皆イキイキとアソート品などの生産を行っており，年間約1,000万円の売上げを新たに生み出している。また，取引先への新商品の企画・提案なども自ら行っているそうだ。

　さまざまな啓発活動により，ダイバーシティの理解が進んだことで，自分から手を挙げて活動に参加する従業員も増えてきた。たとえば，2013年度の委員会メンバーには，例年の倍の応募があったという。毎年開催しているフォーラムの参加者も年々増加している。

　委員会4年目の現在，工場ごとに自分たちに合った取組みを考える「工場部会」と，女性のキャリアを考える「キャリア支援部会」のほか，2012年から始めたシニア層の活躍を進める「セカンドドリーム部会」の3つの部会が活動している。後藤さんがまいた変革の種が，少しずつ実り始めているのだ。

　カルビーは今，2014年4月までに女性管理職比率を15％にするという目標を掲げている。現在の女性管理職比率は12.1％（2013年4月1日現在）。達成するのはなかなか難しい数値だが，それでも「達成できれば何かが変わると信じているのでしっかり取り組んでいきたい」と佐藤さんは話す。

　松本会長も，女性活躍推進の取材を積極的に受けたり，折に触れ女性活躍推進の話をしたりするなど，後押しをしている。松本会長が言う「理解して，納得して，行動する」ように，社内外，経営層，従業員などさまざまな層に向けて，飽きられないよう工夫を凝らしながら働きかけていきたいという。

▶▶▶これからについて

　カルビーが女性活躍推進に取り組むのは，会社の成長のためだ。いま会社の業績が伸びている要因の1つは，女性活躍推進に取り組んでいるからだと後藤さんたちは考えている。今後は女性活躍推進が業績向上に不可欠だということを実証していくとともに，次に管理職となる女性たちを増やしていくことも大事だ。

　そのためにも，女性従業員にもっとビジネスの視点をもって，仕事やそ

れに関係のあることを積極的に学んでもらい，男性のなかに入ったときに「そんなことも知らないの？」と言われないようにしていきたいという。

後藤さんは「いま江木や佐藤や新しいメンバーたちが，私では思いつかなかった新しい取組みをいろいろと打ち出しているのを頼もしく見ています。女性の活躍推進をはじめ，ダイバーシティを推進していくためには，メンバーを入れ替えながらバトンを渡していくことが大事だと思っています」と話す。

江木さん，佐藤さんがめざすのは，「どの職域でも，いろんな人が『イキイキ』と働いている」カルビーの姿だ。これは，1年目の委員会メンバーが考えたビジョンでもある。1年目に考えられたこのビジョンは，いまでもダイバーシティ委員会の活動の柱となっている。そこに込められているのは，「一人ひとりの成長なくして，カルビーの成長はない」「ダイバーシティは総力戦」という考えだ。

このビジョンを軸に，どこにもないカルビーらしいダイバーシティのあるべき姿をめざして，後藤さんの思いは，江木さん，佐藤さんそしてメンバーに引き継がれている。

カルビー：会社概要
設　　立：1949年4月30日
事業内容：菓子・食品の製造・販売
売 上 高：連結　1,794億1,100万円（2013年3月期）
従業員数：連結　3,352人，単体　1,519人
　　　　　（2013年3月31日現在）
本　　社：東京都千代田区丸の内1-8-3
　　　　　丸の内トラストタワー本館22階
URL：http://www.calbee.co.jp/

オール・デサント労働組合

キーパーソン

委員長
菅原 昌也 氏

執行委員
篠原 梨沙 氏

執行委員
渡邊 薫 氏

　スポーツ用品メーカー・㈱デサントの労働組合，オール・デサント労働組合では，女性執行役員を4人に増やすなど，2010年から組合主導で女性活躍推進に取り組んでいます。取材では，キーパーソンの菅原昌也委員長と執行委員の篠原梨沙さん，渡邊薫さんにお話をうかがいました。
　労働組合は軍隊型組織のままのところが多いようですが，時代が変わったいま，ダイバーシティのロールモデルとなることが求められています。オール・デサント労働組合は菅原委員長に替わって大きな変化を遂げました。他の企業・組合のトップの方々にも，女性を仲間に入れるだけでなく女性たちに任せることで，組織を変えていく勇気をもってもらい，実践してほしいと思います。

（取材日：2011年7月13日）

違うキャリアをもつ女性4人が執行委員に

―― オール・デサント労働組合さんは，菅原委員長を先頭に，2010年からダイバーシティに取り組まれています。労働組合というと男性社会のイメージがあるのですが，どうしてこのような取組みをされているのですか。

菅原委員長 ダイバーシティへの取組みは広範囲にわたるので，まずは「女性の活躍推進」から始めようと考えました。これは，比較的組合活動への参画が少なかった3分の1いる女性を組合活動に引き込み，女性特有のヨコのつながりを活用して，組合組織の活性化，組合活動の見える化につなげたいというのが理由です。それは，私がデサント入社以来，主に百貨店中心の女性ブランドで営業・商品企画の業務に携わってきたなかで，女性の強みを感じていたことも影響しているかもしれません。また，私たちの組織には国内工場もあり，工場の現場ではオペレーターの女性リーダーが男性管理職に変わって，ラインのまとめ役や指導をするようになってきたことも，もう1つの理由です。

2010年に労働組合の委員長となり，冷静にいまの組合の存在価値を改めて自分なりに考えたところ，そもそも，組合が何をやっているのか知られていない，理解されていないことがわかりました。また，デサントを含むスポーツの業界もまだまだ男性中心ですし，「女性の活躍推進」は，組合にとっても，会社にとっても大きなプラスになると思います。もちろん，女性だけが活躍していても，それでは意味がありませんので，将来的には組合活動を通じて，ベテラン・若手・男性・女性すべてのデサントで働く仲間がイキイキと笑顔で仕事をし，デサントでの夢を描いている，そんな会社にしたいと考えています。

―― 菅原さんが委員長になられたとき，組合執行部に女性はいましたか。

菅原委員長 私が委員長になる1年前の執行部には女性はいませんでした。もちろん，常にいなかったわけではありませんし，過去には女性委員会という組織もありました。ただ，執行部となると多くて2人程度でした。

> オール・デサント労働組合のダイバーシティの取組み

2010年4月　　人事制度が変更される（総合職・一般職のコースを一本化）
　　　6月　　女性4人を執行委員に選出
　　　　　　女性執行委員を中心に外部セミナーで女性活躍推進の勉強を開始
2011年6月17日　第1回ダイバーシティフォーラム【いきいきとしたロールモデルをめざして】開催

女性組合員比率：762人中，女性397人　52.1％
女性執行委員比率：24人中，女性4人　16.7％

◆ ダイバーシティのビジョン
老いも若きも，男性も女性も，みんないきいき！

―― そんななかで，どうして4人もの女性の執行委員が生まれたのですか。

菅原委員長　2010年4月に〈総合職・一般職のコース撤廃〉という人事制度の変更がありました。これは，これから定年退職者が増加するなどデサント独自の課題解決に向け，労使で協議を重ねた結果，解決策の1つとして行ったものです。以前は，職群転換というハードルの高い制度だったものを，少しでも旧一般職の方が総合職的業務に挑戦し，能力を磨き，成長するよう促していくことが目的ですので，組合としても女性を執行部に入れて，成長を促す1つの機会になればと考えました。また，継続的に女性が活躍できる組織にするため，相談したり，お互い助け合えるような構成になるように配慮し，東京・大阪それぞれ2人ずつの計4人としました。結果，キャリアも過去の職群もそれぞれ異なるメンバーが集まってくれました。

―― では，その1人である渡邊さん，会社での経験や，執行委員になったときの気持ちなどをお話しください。

渡邊氏　私は総合職で入社して，いま7年目になります。初めは営業や新規事業室にいて，3年目から人事・総務室に移り，いまは主に採用の仕事

をしています。組合活動には前から参加していて，組合の現場リーダーである職場長などをやっていました。2010年に，東京支部長から執行委員をやってみないかと言われたのですが，執行委員は大変というイメージがあって，「私にできるかな」と不安でした。でも，女性の活用をもっと進めていきたいという組合の考えを聞いて，そのとおりだと思ったので執行委員に立候補して選出されました。執行委員になると，組合活動をとおして働きやすい環境を自分で作っていくことができます。最近は普段の人事・総務の仕事でも，組合活動をしていくなかで興味が出てきた，職場環境や労働時間の問題に取り組んだりしています。

―― 組合活動が普段の仕事でも活かされているのですね。篠原さんはどうですか。

篠原氏 私は短大卒業後に一般職で入社して，いま14年目になります。入ってからずっと事務の仕事をしていました。周りのメンバーにも恵まれて仕事は楽しかったのですが，ルーティンワークばかりなので少しもの足りなさを感じていたときに，百貨店に異動になりました。そこで，営業のみんなと働く楽しさを知り，周りから勧められたこともあって，2008年に総合職への転換試験を受けて職群転換をしました。でも，総合職で働いているうちに自分の能力の限界を感じてきて，一般職に戻りたいと思うようになったのです。そんなときに，元の上司である東京支部長に執行委員になってみないかと言われました。それまで組合員でしたが組合活動にあまり関心がなく，職場長も経験していなかったので，お話を聞いてびっくりして，初めは考えさせてくださいと言いました。その後いろいろな人の意見を聞いて，私と同じような悩みをもつ後輩の相談相手になれれば，また，私も相談相手がほしいと思って執行委員に立候補し，選出されました。

外部研修で学んだことをフォーラムで伝える

―― 2人ともいろいろ考えたうえで執行委員になられたようですが，なってからはどうでしたか。

篠原氏 驚いたのは，組合費で外部の研修等で勉強させてもらえたことで

す。私は6月中旬の定期大会で執行委員になり，7月1日には洋上研修の船に乗っていました（笑）。

―― 外部の研修に出てみて，どうでしたか。

篠原氏 最初は周りが知らない人ばかりなのでつらかったのですが，参加者と話すなかでだんだん自分を出していけるようになり，変わることができました。あの研修に行っていなければ，いまの自分はないと思っています。とても貴重な経験をさせてもらいました。

渡邊氏 私も執行委員になってから，単発の勉強会に数多く出させてもらいました。あんなに外で勉強させてもらえると思っていなかったので驚きました。それまでは外部の研修にあまり参加したことがなかったので，周りの参加者のモチベーションの高さなど，会社のなかにいたらわからなかったことをたくさん学ぶことができて，すごく刺激になりました。

―― 私も驚きましたが，外部の研修に出させるのは菅原委員長のお考えからですね。

菅原委員長 私自身も植田先生のセミナーを受けて衝撃を受けた一人です。これは自分で体験しないとなかなかハートに響いてきません。それを言葉で伝えるのは難しいので，とにかく直接彼女たちが感じてくれたほうがいいと思い，半ば強制的に外に放り出しました。外で学んで感じたことを，1人や2人でもいいので周りの女性に伝えてほしい。そして，それを聞いた女性たちが次は自分も参加したいと思ってくれればいいと考えました。女性はそういう横のつながりは得意ですからね。

―― 女性執行委員にいろいろ経験させるなかで，2011年6月には組合で企画して「ダイバーシティフォーラム」を開催されましたが，きっかけは何だったのですか。

渡邊氏 2月ころ，女性執行委員4人のなかで「1年間学んできたことや，社外にはすごい人たちがいるということを社内の女性に伝えたい」という話が出ました。じゃあどうやって伝えようかと考えて，勉強会やランチ会などの案が出ましたが，最終的にフォーラムを開催しようということになりました。6月に組合の定期大会があって，全国から組合員が集まるのでちょうどいい機会だと思い，具体的には何も決まらないうちに日程だけ先に決めてしまいました（笑）。それで，4月ごろになって「どうしよう」

と焦りましたが，毎月の執行委員会で話し合ったり，メールでやり取りして，少しずつ形にしていきました。

―― フォーラムはいつ開催されたのですか。

渡邊氏 大阪で，定期大会の前日の2011年6月17日に，16時から18時までの2時間開催しました。その後，18時半から20時までフォーラム会場で懇親会も行いました。残念ながら篠原さんは来られなかったのですが，当日は東京と大阪から30人ぐらいの女性組合員と，男性も組合役員を中心に30人ほどが参加してくれました。

―― どのような内容だったのかお話しください。

渡邊氏 開会の挨拶は菅原委員長にお願いして，その後，植田先生のビデオメッセージを流しました。そして，私たち4人が外部で学んできたことを，1人5～10分くらいで発表しました。同じような研修を受けていても，感じたことや印象に残ったことはそれぞれ違っていたので，最も影響を受けたことにポイントを絞って発表しました。

その後，テーブルごとにグループになって，参加者同士でディスカッションをしてもらいました。最初はディスカッションをするというと参加者が減るのではないかと心配したのですが，フォーラムを開催した他企業の担当者の方に聞くと，参加する人は聞くだけではなく自分の意見を話したいと思っているというアドバイスをもらったのでプログラムに入れました。また，ディスカッションの後に，会社がしている女性活躍推進の取組みについて知ってもらうために，人事課のスタッフに来てもらって制度や仕組みについて話してもらいました。最後は，社長に締めの挨拶をしていただきました。

―― 人事課のスタッフや社長を呼ぶというのは，皆さんで決めたのですか。

渡邊氏 話しているなかで，自然に出てきた案です。私たちも会社の考えや仕組みをよく知らないので，みんなもわからないのではないかと思ったのです。実際，フォーラムに参加した20代の女性は，「出産するとさまざまなサポートが受けられるんですね」って驚いていました（笑）。そういう働きやすい環境が整っている会社だということも知ってもらえてよかっ

▶左から順に篠原氏，渡邊氏，菅原氏，植田氏

たと思います。

女性が企画する女性のためのイベント

—— 参加した女性たちの反応はどうでしたか。

渡邊氏 知らない人同士が同じグループになるように席をこちらで決めていたので，初めは戸惑う人もいました。でも，フォーラムが進むうちにだんだん会話をするようになって，懇親会のころには話も弾んでいたように思います。フォーラムの後にアンケートを書いてもらったのですが，「いろいろな人と交流できて楽しかった」「女性執行委員が外でこんなに勉強していたのに驚いた」という意見がありました。参加していない人たちからも，「フォーラムがあったんだってね」と声をかけてもらったりしたので，潜在的に興味をもたれている方が多いのではないかと思いました。

—— 篠原さんは参加されませんでしたが，周りの反応はどうでしたか。

篠原氏 周りの人たちに声をかけて参加してもらったのですが，すごくよ

かったと言ってくれました。フォーラムが金曜日だったので，次の週の朝礼で「感想を発表してね」とお願いしておいたところ，行く前は「発表するんですか…」という感じでしたが，行った後は楽しそうに発表してくれて，もっといろんな人に伝えたいと言ってくれたのでうれしかったです。40代の男性執行委員は「撮ったDVDを配ったら」と言ってくれました。

── すてきですね。女性組合員が企画して，女性組合員のために何かをするのは初めてですか。

菅原委員長 以前は女性委員会があって，女性だけで集まる勉強会はありました。ただ，今回のように，自分たちが学んだことを自分たちで伝えていくというものはありませんでした。イベントではためになるだけではなく，楽しかったと参加者に感じていただけることにこだわりました。久しぶりの女性のためのイベントでしたので，男性の執行委員には「全員ホストになって，とにかく楽しんでいただくように！」と言っていました（笑）。

── 女性のためのイベントですが，男性もかかわられたのですね。男性執行委員の反応はどうでしたか。

渡邊氏 当日の受付や撮影，資料の配布などは男性執行委員に手伝ってもらいました。すごく助かりました。

菅原委員長 今回，男性執行委員はディスカッションのファシリテーターなど裏方に徹してもらいました。ただ，イベントの本質的なところについては年齢によって受止め方に差があったように思います。20歳代後半から30歳代の男性は，自分の奥さんが子育てをしていたりするので，フォーラム自体にリアリティを感じてもらえたようですが，40歳以上の方は応援しようという気持ちはあるようですが，具体的に何をすればいいのかまではありませんでしたから。ですので，その人たちをどう巻き込んでいくかが次の課題です。

── フォーラムをやり遂げてみた感想は。

渡邊氏 外で勉強してきたことを，自分のなかだけにとどめておくのはもったいないことだったので，少しでも伝えられてよかったです。1回だけではなく，これからコンスタントに続けていけば，女性組合員の意識も

上がっていくのではないかと思いました。

―― 会社が行う女性活躍推進と，それを組合が行うのとでは違いますよね。

篠原氏 会社だと20代女性，旧一般職とか枠組みでくくられがちですが，組合だと気軽にキャリアや支店が違う人が集まって相談できるのがいいと思います。

―― いろいろな人たちがいてダイバーシティですからね。1年やってきて，これからどうしていきたいですか。

篠原氏 女性にもっと組合の活動に入ってきてほしいです。執行委員は何年もするものではないと思っているので，もっと学んでアウトプットできるようになったら，どんどん次の世代にバトンを渡していきたいです。私も組合でいろいろ学べて成長できたので，大変なこともあるけど，いいこともあるので，「がんばってやってみて」とバトンを渡したいです。

渡邊氏 私もいろいろな人に執行委員を経験してほしいと思っています。6月から職場長が替わり，そのなかには，前向きな女性が何人もいます。その他にも「CAN」という若手組合員の組織があって，そこでは女性だけでなく男性も入れてイベントを企画，開催しています。そういう人たちが少しずつでも増えて，ステップアップしていけるといいと思います。

―― いま職場長は何人いるのですか。

篠原氏 30人です。今期はその3割ぐらいが女性です。

―― 今後はそのなかから皆さんのような執行委員が出てくるのですね。フォーラムの今後についてはどうですか。

渡邊氏 今回のフォーラムは平日に大阪で行ったので，東京の人たちはなかなか参加できませんでした。東京でもこういうイベントがあったら参加してみたいという声もあったので，もっと多くの人が参加できるような活動やイベントを企画したいです。

篠原氏 案内をメールや声かけで行ったので，少し広報が弱かったかなという反省があります。もっと大々的に知らせればよかったと思っています。後は，フォーラムより参加しやすい形のものを，東京オフィスで2カ月に1回くらい定期的に開催していきたいと思っています。

腹をくくり女性活躍推進に取り組む

—— 4人の女性執行委員体制になって2年目ですが，菅原委員長は組合が変わったと感じていますか。

菅原委員長 女性が執行委員に入ったことで，いままでは現場からすると距離があった組合を，身近に感じてくれるようになっているのかなと思いますが，組合員がどう感じてくれているのかが重要です。私は，彼女たちに組合のために何かをしてくださいとは一度も言っていません。ただ，自分たちの職場，仲間が楽しく明るくなるための活動を考えましょうと言っています。「組合はこうだ」とアピールしなくても，知らないうちに組合がそばにあったというのでいいと思っています。次のステップとしては，もう少し女性メンバーが増えて，若手やベテラン，子育てや介護，男性と女性等いろいろな人が自分たちでより良い環境作りについて議論できるようになればいいと思っています。

—— 男性と女性では組合にかかわる意識が違う気がします。渡邊さんと篠原さんは組合活動をしていて何が一番面白いですか。

渡邊氏 仕事で接点のない人と交流できるのは，組合ならではだと思います。後は，外でいろいろ学び，他社の女性と触れ合える場がもらえることです。組合だと菅原さんが「行ってこい」と背中を押してくれます。いまキャリアコンサルタントの勉強をしていますが，組合の活動をしていなかったらやらなかったかもしれません。これは自分のキャリアにもつながっていますし，組合でなかったら知り得なかったことがいっぱいあります。

篠原氏 いろいろ学んで成長できることです。仕事でも成長はできるのですが，それとは違って組合では人としての成長が大きいですね。気軽に相談できるし，周りの執行委員のみんなも温かいです。人とのかかわり合い方とかコミュニケーションの方法を学ばせてもらっています。

—— 2人とも組合を通じて成長して，それを自分だけにとどめず周りに広げているのがいいですね。いろいろな組合があるなかで，オール・デサント労働組合さん

の取組みはすてきなロールモデルになると思うのですが。

菅原委員長　デサントでは女性活躍推進があまり進んでいなかったので，女性執行委員を誕生させて活動を始めました。ロールモデルとしてすべての会社にはあてはまらないですし，必ずしもこのやり方が正しいとは思っていません。他社さんや他労組さんに参考になるかはわかりませんが，企業内労働組合として，自分たちの働いている会社の状況，経営環境をみながら，組合としてできることを考え，進めただけです。そして，組合組織でも大切なのはトップの委員長が腹をくくることだと思います。

―― 腹をくくることが大切と言われましたが，どのようなことでしょうか。

菅原委員長　組合員には女性だけでなく，ベテラン，若手などさまざまな方がいて，育児・介護などいろいろな問題があります。決して優先順位をつけられるものではありません。しかし，何かを変えていくためには何かを決断し，強引に進めることも必要です。私は，デサントにおいて女性はもっと活躍できると思っていますので，これからも組合として女性活躍推進を進めていきます。もし，彼女たちのやる気を失わせるようなことがあれば，そこは私が盾になればいい。彼女たちがやりたいことができないような状態には絶対にさせないぞと思っています。

―― 菅原委員長の思いは組合で伝わっていますか。

篠原氏　言葉で言われるわけではありませんが，期待されていることは伝わってきます。そして，それに応えていきたいと思っています。

渡邊氏　フォーラムなどもそうですが，菅原さんがあれこれ言うのではなくて，自分たちで考えてやってみろと言ってくれるので，任されていると感じています。

―― 任せて育てるというのは，いままでの組合の委員長にはなかった気がします。

菅原委員長　上で決めてそれを落とせばトップは楽なんですけど，それでは思いの入った活動になりませんし，人は育たない。何かあったらヒントを与えるぐらいにとどめて，彼女たちが自分たちで考え，必要性を感じて自分たちで実行するのをじっと我慢しながら，見守っています（笑）。

―― 本日はどうもありがとうございました。

オール・デサント労働組合のその後…

◇2013年６月，執行委員25人中女性６人（海外留学，育児休職中の２人除く）。会社主催の「ダイバーシティプロジェクト」スタート（公募制），執行部から５人参加
◇2013年10月，「外を知り，自ら考え，目指す」を目的に「第３回ダイバーシティフォーラム」を開催（他社女性管理職３人からの実例報告とティータイムディスカッション）
◇2013年11月，女性のキャリア形成を目的に「女性部下と上司の合同セミナー」を実施

渡邊薫さんのその後…

　私は，2012年12月に長女を出産し，現在育児休職中です。
　休職前は組合役員として，また仕事も人事・総務部所属と人事に関する内容であったため，労使双方の立場で女性活躍推進に取り組んでいました。2011年に始めたダイバーシティフォーラムも，いまでは毎年恒例のイベントとして継続しており，内容も年々充実したものとなっています。他にも，ランチミーティングや社員に向けてダイバーシティに関するアンケートを重ねて行ってきたことで，徐々にダイバーシティや女性活躍推進に対する社内の認知度も高まっていることを感じています。
　これからは，より女性が活躍していくためにどのようなアクションを起こしていくか，具体的に行動に移していくことがテーマだと思っています。私自身もロールモデルの１人になれるよう，これから自分なりの働くスタイルをみつけていきたいと思っています。
　　　　　　　　　　　　　　　　　　　　　（わたなべ・かおる）

オール・デサント労働組合：組織概要

設　立：1969年12月14日
組合員数：804人（2013年９月30日現在）
組合本社：大阪府大阪市天王寺区堂ヶ芝１—11—3
　　　　　㈱デサント５階
加盟団体：UAゼンセン　製造産業部門

富国生命保険相互会社

キーパーソン

取締役社長
米山 好映 氏
（よしてる）

人事部部長兼ダイバーシティ推進室長
昌宅 由美子 氏
（まさや）

女性管理職勉強会
「JEWEL♡STAR」のメンバー

（※写真は39ページ）

　富国生命保険相互会社は，2009年に人事部内にダイバーシティ推進担当を設置し，2010年からは女性管理職の勉強会「JEWEL♡STAR」をスタートさせました。取材では，キーパーソンの米山好映社長とダイバーシティ推進室長の昌宅由美子さん，「JEWEL♡STAR」のメンバー7人にお話をうかがいました。

　富国生命保険相互会社のダイバーシティは，だれかが決めたトップダウンでも，単なるボトムアップでもありません。米山社長率いる経営陣と，昌宅さん率いる総合職・管理職女性が，本音，本心，本気で推進しています。信頼し，応援し，ユニークさを認めながら女性活躍推進の重要性を共有している好事例です。

（取材日：2011年9月30日）

いろいろな人がいる組織がいい

―― 米山社長は，女性の活躍推進に積極的であるとお聞きしました。2010年に社長になられてからは，女性や障がい者，高齢者活用などダイバーシティに力を入れておられます。どうして取り組まれているのかをお聞きする前に，これまでの経歴を少しお話しいただけますか。

米山社長 私は1974年に富国生命に総合職で入社しました。いまでも覚えていますが，1カ月間の新入社員研修が終わって，辞令をみた同期が泣いているんですね。「なんで泣いているんだ」と聞いたら，「支社勤務になったから，もう将来がない」と言うんです。私も支社勤務だったので，それを聞いて，自分も将来がないんだなと思いましたよ（笑）。それで，横浜月掛（月払い保険を扱う）支社に配属になりましたが，ここは全国のなかでも業績がよくて活気にあふれたよい支社でした。もう30年以上この会社にいますが，この支社での1年目が，一番記憶に残っている私のコアな部分です。その1年後に本社の業務部に，またさらに1年後に営業本部商品課に異動になり，商品開発は楽しい仕事だったので喜んでいたら，そこも1年10カ月で異動になって，今度は融資部に行きました。資産運用にはまったく興味がなかったので，このときは本当に会社を辞めようと思いましたよ。

―― 異動になって，どんな仕事をされたのですか。

米山社長 毎日，新聞を読めといわれました。初めは書いてある内容もよくわかりませんでしたが，読んでいるうちにわかってくると興味が出てきて，楽しくなったんです。結局，20年くらい運用部門にいました。

―― 社長になられて，いろいろなお仕事があるなかで，なぜダイバーシティを進められているのですか。

米山社長 人と同じことをするのは面白くないので，違うことをしたいという考えがあるからです。私自身，あまり協調性のない性格なこともあって，性・性格・能力など，いろいろな人がいる本当の意味でのダイバーシティな組織がいいと思ったのです。20年ほど，一橋大学名誉教授の野中郁

富国生命保険のダイバーシティの取組み

1991年4月　一般職から総合職への転換制度導入
2006年4月　初の女性管理職が誕生
2009年4月　人事部にダイバーシティ推進担当を設置
2009年10月　パワーアップ実践塾に昌宅氏が参加
　　　　　　宿題を女性総合職，管理職で検討（2010年2月まで）
2010年1月　女性管理職勉強会をスタート
2011年4月　人事部にダイバーシティ推進室を設置

女性社員比率：45.5％（2011年4月現在）
女性管理職比率：1.8％（2011年4月現在）

◆ダイバーシティのビジョン

・障がい者の雇用の推進と働く環境の整備
・女性がより能力を発揮しやすく，働きやすい環境の整備
・高年齢者が，より柔軟に働き，活躍できる環境の整備

次郎先生の勉強会に通っていますが，先生は「日本で優良といわれる会社の共通点は，異端・異能を許容していることだ」と言われています。いろいろな人に会社にいてもらうのが大事だし，それがあたり前だと思います。

勉強会に参加して，価値観が変わる

——　富国生命さんでは，ダイバーシティ推進室長の昌宅さんを中心に，女性管理職が自主的に集まって勉強会を開催しています。昌宅さん，ダイバーシティの担当になられるまでと，勉強会を始めたきかっけをお話しください。

昌宅氏　入社して20年間本社で事務をした後，支社でお客さま対応などを10年間経験し，人事部に来ました。2009年に人事部のダイバーシティ推進担当になったときは1人でしたが，2011年の春からはダイバーシティ推進室になって，所属員も5人になりました。ダイバーシティ推進担当になっ

たときは，何から始めればよいのか戸惑ったので，まずは，日本生産性本部の「パワーアップ実践塾」に参加してみました。塾では，各社の女性活躍推進の担当者が集まって，各テーマや先進的な取組事例について意見交換を行い，実践のためのコツを学んでいきます。そのなかで，自分の会社にあった制度を作っていくために，自社の女性活躍推進の問題について考えるという宿題が出ます。宿題は自分だけで考えるのではなく，社内の人と話し合ってきてくださいと言われました。

―― それで，どうされたのですか。

昌宅氏 そこで，千葉ニュータウン本社の女性総合職と管理職に集まってもらって話し合ったのが，勉強会を始めたきっかけです。参加した女性管理職から「これから定期的に集まって情報交換をしたい」という意見が出たので，2010年1月から勉強会を開くようになりました。いまは，女性管理職8人全員が勉強会に参加しています。最初は，参加したセミナーや他社の情報を話し合っていましたが，もっと自分たちの知識を広げたいという意見が出てきたので，2010年5月から，役員や男性管理職の方をゲストスピーカーに招いて，私たちに期待していることや仕事で役に立つ話をしてもらうようにしました。勉強会の後には，毎回懇親会をしており，ゲストスピーカーも参加してくださいます。懇親会があるとみんなの絆も深まります。まじめな勉強会と，楽しい懇親会の組み合わせがよいのかなと思っています。

―― ゲストスピーカーの方は，どうやって決めているのですか。

昌宅氏 いまは，まず私たちのことを理解してもらいたいので，勉強会に参加している女性管理職の上司を招いています。決算時期には経理部に依頼するなど，仕事に活かせるように配慮しています。ゲストスピーカーの方たちは，私たちに期待することや熱い思い，ときには厳しいことも話してくださるので，モチベーションも上がりますし，意識も変わってきました。

―― 米山社長も，2010年の12月にはじめてゲストスピーカーとして勉強会に参加されましたが，いかがでしたか。

米山社長 1時間くらい皆さんの話を聞きましたが，すごく楽しかったで

女性管理職勉強会の実施内容（2010年5月～2011年10月）

		実施内容とゲストスピーカー
2010年	5月	千葉ニュータウン本社で常務と懇親会
	7月	決算報告　人事担当取締役
	8月	千葉ニュータウン本社で副社長と懇親会
	9月	外部研究会の報告　人事部長
	10月	外部研究会の報告　取締役
	11月	経理部長より決算説明
	12月	ダイバーシティ推進の現状報告　米山社長
2011年	2月	外部研究会の報告　お客さまサービス部長
	4月	外部研究会の報告
	5月	外部研究会の報告
	8月	富国生命投資顧問㈱櫻井社長のレクチャー　人事部長
	9月	テーマについてのディスカッション　米山社長
	10月	テーマについてのディスカッション

すし，とてもためになりました。それで勉強会に出た後は，社内外の人に会うたびにその話をしましたよ。最近，女性が強くなって男性が弱くなったといわれていますが，私は男性・女性どちらかが強ければよいと思っています。でも勉強会に出て，強いというより女性は太っ腹になったと感じました。こんなことを言うとセクハラだと言われるかもしれないけど（笑），いまの女性には男気みたいなものがある。勉強会に出て，女性が変わってきていることに衝撃を受けて，女性に対する価値観が変わりましたね。

―― 最近の女性は，女性らしさのなかに，男性に負けない芯の強さがあると思います。

米山社長　わが社にも，「これは男性にしかできない仕事です」と言う人がいますが，そうではない。男性・女性や個人差はあるけれど，もう女性とか男性とかいう時代ではないというのを，この勉強会に出て思いました。日本の女性はここまできたんですね。

―― 米山社長は価値観が変わられたといいましたが，ほかのゲストスピーカーの方の感想はどうですか。

昌宅氏　こういう取組みはよいことなので，続けなさいと言ってくださったり，こういう人を招いたら私たちの役に立つのではないかとアドバイス

をくださる方もいます。勉強会の開始時間も，初めは就業後の18時からでしたが，終わるのが遅くなると時間の制限が出てきますので，オフィシャルな会にして早く始めたらどうかと，ある役員の方が言ってくださって，それが認められたので，いまは業務時間内の15時から開始しています。私たちのことをいろいろ考えてくださっているので，本当にありがたいです。

── この勉強会には，すてきな名前がついているんですよね。

昌宅氏 ゲストスピーカーから「女性管理職勉強会というのは堅いんじゃないの？」というご意見をいただき，みんなで考えて「JEWEL♡STAR」という名前を付けました。宝石にもさまざまな石があり，色も形も違いますが，それぞれが光り輝いている。私たちも個性を大切にしながら，きらきらと輝いていきたいという思いを込めています。

1周遅れでもトップに立つ

── 米山社長は，いまの女性たち，また富国生命さんの女性活躍推進について，どのように感じられていますか。

米山社長 数年前，友人から「女性が成長セクターだ」と聞かされました。彼がいうには，そういう時期は実力以上のものが出るそうです。ワールドカップで優勝した「なでしこジャパン」（2011年）をはじめ，女性に実力があるのはもちろんですが，いまの女性はそれ以上の力を出せる「成長セクター」だと思います。私たちの仕事は女性の営業職員を中心として成り立っていますが，わが社の女性の管理職登用は遅れています。いまのような時代に，この点で遅れているのは会社として問題です。

── 富国生命さんは，福祉施設で障がい者の方々が作られているパンを，千葉ニュータウン本社で女性管理職を中心とした職員が一緒に販売するなど，障がい者の方への取組みも積極的に行われていますね。

米山社長 東日本大震災の影響で節電対策をしたときに，職員には後ろ向きに考えてやらされ感で取り組むのではなく，前向きにとらえてこの機会に働き方を変えてほしいと言いました。障がい者雇用も同じで，たとえきっかけ

が強制的なものであったとしても，いろいろな人が組織にいると活性化していくという視点をもって，前向きに取り組んでもらいたいと言っています。

―― 昌宅さんは，この勉強会をこれからどうしていきたいと思っていますか。

昌宅氏 いまはメンバーは8人なので，もっと人数を増やしたいです。女性の管理職が増えないと，会社の決まりごとは男性の目線で行われてしまいがちになります。私は，仕事をしてきたなかで，管理職になると仕事はもっと面白くなると実感しているので，勉強会に入ってくれる女性管理職を1人でも増やしたいです。そして，入ってよかったと言われる勉強会にしたいです。そのために，これから管理職になる女性たちに参加してもらい，話を聞くことも必要だと思っています。

―― 管理職予備軍の女性たちと一緒に，勉強会などをするのもいいと思います。

昌宅氏 いまわが社では，この勉強会のほかに，総合職の女性向けに「女性総合職ニューキャリア研修会」なども行っていて，わが社のダイバーシティはもっと進んでいくのだろうなと感じながら日々仕事をしています。このような環境のなかで，後輩たちのためにいろいろなことに取り組んでいきたいです。

―― 御社の女性管理職の方たちは一人ひとりもすてきですが，皆さんがつながるとよりパワフルさが増したように感じます。米山社長はどう思われますか。

米山社長 ほかの会社の女性管理職の方たちとあまり話したことがないので比較はできませんが，この勉強会と彼女たちはすごく進んでいると思っています。

―― 役員の方を招くというのは，なかなかないですからね。彼女たちには，このまま輝いていてほしいですね。

米山社長 わが社のダイバーシティはまだまだ遅れていますが，1周遅れで始めても，やがてトップに立つということはよくあります。彼女たちにはトップランナーになってもらいたいですね。そのために，私はダイバーシティや女性の活躍を，単に数の問題だけではなく進めていきたいと思っています。この勉強会には，本当に可能性を感じていますよ。

―― 本日はどうもありがとうございました。

女性管理職勉強会
JEWEL ♡ STAR のメンバーに聞く

—— では，昌宅さん以外の女性管理職勉強会メンバーにお話をうかがいます。皆さんは一般職から総合職に転換された，富国生命さんの女性社員のロールモデルです。ご自分のこれまでと勉強会に参加した感想をお聞かせください。

柳川重子氏（お客さまサービス部お客さまセンター専任課長） 総勢120人ほどのコールセンターをまとめています。所属員のほとんどは女性で，総合職も多くいます。彼女たちの成長を促すのが私の役目だと思って，毎日がんばっています。最初の勉強会は，気軽に参加してほしいと思ったので，人事部の昌宅さんと話し合って私からみんなに声をかけました。仕事を途中で終えて来てくれる人，懇親会から来てくれる人もいて，盛り上がって楽しかったです。

山口領子氏（経理部経理グループ主任調査役） 入社からずっと経理部です。いまは，年4回ある決算業務を主に担当しています。最初の勉強会では，知らない人もいたので何を話せばいいのかわかりませんでしたが，懇親会で話がはずんで楽しかったので，次もやろうと言って集まりました。勉強会をするうちに，こういう取組みを社内の人たちにわかってもらいたいと感じるようになりました。私自身も，もっとレベルアップしたいと思っています。

杉本和子氏（お客さまサービス部お客さまサービス企画室副課長） Smileデスクというところで，個人保険業務の社内のヘルプデスクをしています。所属員は9人いますが，みんな女性です。入社からずっと事務部門に在籍していたので，勉強会に参加するまでは他の女性管理職を知りませんでしたし，ゲストスピーカーもお会いしたことのない方がいました。勉強会に出て，みんなとコミュニケーションを取ることができ，経営陣の方たちが私たちのことを考えてくださっていることを知ることができてよかったです。

因泥久美子氏（名古屋支社副課長） 25年間，事務部門で事務処理・システム開発等をしていて，2010年の春に名古屋支社に異動になりました。異動の

▶前列左から：柳川氏，昌宅氏，山口氏
　後列左から：蓮実氏，金子氏，芦澤氏，因泥氏，杉本氏

話を聞いたときは，不安で心細かったのですが，支社の人たちが温かく迎えてくれたので，すんなりと入っていくことができました。いまは新しく入ってきた営業職員の試験向け研修や営業所監査，苦情の対応など，いろいろなことを経験させてもらっています。昔は，だれかが総合職になるとお祝いで集まるなど，女性同士のつながりがあったのですが，それがだんだんなくなっていると感じていました。勉強会が始まったことで，女性同士でコミュニケーションが取れる場所ができたのでよかったです。

芦澤陽子氏（総合営業推進部事業法人第一グループ主任調査役） 25年間，個人保険の部署にいました。2010年の春に，団体保険の部署に異動になり，取引企業の社員の方々に保険を販売する窓口を担当しています。異動当初は，これまでとは勝手が違って戸惑いましたが，最近，営業の面白さがわかって，仕事が楽しくなってきました。私は，総合職に転換しても数年間は仕事内容が変わらなかったので，自分の役割がわからないままきてしまったところがありました。でも，勉強会でゲストスピーカーの方の話を聞いて，期待されていることがわかって意識が変わりました。ゲストスピーカーの

方は仕事の話はもちろん，それ以外に趣味の話もしてくださるので視野が広がり，本当に得るものが多いです。また，ずっと顔を合わせていなかった同期の人とも会えるので，毎回楽しみにしています。

金子こずえ氏（東京東支社副課長） 入社して，料金部門，保険金部門にいて，2011年の4月から北千住にある東京東支社勤務になりました。いまは，本社にいるときにはわからなかった，お客さまとの触れ合いを感じている毎日です。所属員は8人いますが，一人ひとり個性があるので，それを認めてお互いにいい関係を作っていくのが楽しいです。勉強会に出て，仕事の相談に乗ってもらえる横のつながりができました。またみんなの姿をみて，自分もがんばろうと思います。ゲストスピーカーの方も，私たちに対する期待を熱く語ってくださるので，いつも元気をいただいています。

蓮実初世氏（お客さまサービス部お客さまセンター副課長） 初めは支社へ配属となり，その後，本社，支社と異動して，いまは本社勤務です。支社と本社の両方を経験してきたので，本社しか知らない人たちに支社のことを伝えていきたいと思っています。私自身，仕事で悩むこともありますが，周りのサポートもあり楽しく仕事をしています。勉強会への参加はみんなより遅くて，2011年度からです。はじめは女性管理職勉強会という名前に少し腰が引けていましたが，温かく迎えてもらえたのでうれしかったです。ゲストスピーカーの方は，私たちのために事前に準備をして話してくださるので，いただいたものを仕事で返していければと思っています。

—— これからの勉強会や，後輩の女性たちへの思いを聞かせてください。

柳川氏 私は目的があって総合職に転換して，これまでがむしゃらにやってきました。でもいまの女性たちは，一般職でも総合職でも，自分の将来が描けていない人が多いのではないかと感じています。私は営業所の事務員も支社も本社も経験したので，どうしていけばいいのか悩んでいる後輩たちに，アドバイスをするなどして，サポートをしていきたいと思っています。

山口氏 一般職で入った女性は，やる気はあっても仕事が限られてしまいます。総合職に転換してレベルアップしていく方法をアドバイスしたいですし，転換しなくてもレベルアップできる制度があればいいと思っていま

す。また，ほかの部署の人たちにも，私たちの姿をみてもらいたいです。
杉本氏　私たちは初めから富国生命に入社しているので，職員として育てるのは比較的楽だったと思うのですが，いまは契約社員や派遣社員から職員になった人など，いろいろな人がいます。これからは，その人たちをどうやって育てていくかが大事なので，人材育成を一番に考えていかないといけないと思っています。
因泥氏　支社・営業所等でイベントを開催したりすると，女性の力の大きさを感じます。「何々は女性にはできない」と言う人もいますが，そんなことはないと思います。「女性は」という言葉がなくなっていけば，登用も進むのではないでしょうか。また，いま名古屋支社にいるので，支社の声や意見を本社に伝えていきたいと思っています。
芦澤氏　私自身，まだ自分の目標が定まっていないところもあるのですが，同じような悩みをもっている総合職の人は多いのではないかと思います。後輩の彼女たちもこの勉強会に参加してもらいたいです。そして，勉強会のような活動をもっと広げていきたいと思っています。
金子氏　女性の営業所長はいますが，支社長はまだいないので，営業職の女性を支社長にしたいです。「女性に女性は使えない」と言う人もいますが，そんなことはないと思います。どんどん管理職になってほしいのですが，ロールモデルが少ないためか総合職になりたがらない人もいます。そういう人たちも，もっと仕事に向き合える職種ができればいいなと思います。
蓮実氏　支社にも勉強会に注目してくれている人がいるので，私たちがどんなことをしているのかを伝えていきたいです。また，管理職以外の女性も参加できる機会があればいいなと思います。ゲストスピーカーの方たちが言ってくださる「期待しているよ」というのは，私たちだけに言っているのではなくて，後輩を育てていくことへの期待もあると思っています。
―　ありがとうございました。

富国生命保険相互会社のその後…

◇2011年11月,「女性上級指導職リーダーシップ研修」開催
◇2012年10月・12月に女性営業所長と女性管理職による「女性活躍推進フォーラム」を開催
◇中期経営計画に「性別による役割分担意識を解消し,女性が活躍できる場を拡大する」という,女性活躍推進に関するアクションプランを作成し,取組み中

昌宅由美子さんのその後…

　私は,2013年4月に人材開発本部に異動しました。部内には女性活躍推進のチームがあり,いま具体的な施策を本格的に検討しているところです。いままで実施した女性職員の職責の見直しや,女性の上級指導職の集合研修のほか,新たに女性管理職の自主勉強会を開催したり,女性活躍推進フォーラム等を実施したりすることで,いろいろな人が横でつながるネットワークができてきました。

　このようなさまざまな場面で他の人とつながり,いままで経験してこなかった職場を経験することで,成長し,次のステージにステップアップした女性職員も出てきています。また,仕事と家庭の両立支援策として,子育て応援ガイドブックの作成や,家族を職場に招待するファミリーデイを実施しました。今後は,全職員を対象に,女性の活躍推進についてどのような考えをもっているか意識調査を行い,その結果を基に対策を行っていく予定です。男性,女性に関係なく,すべての人が活躍できる環境を作り,みんながイキイキと働ける会社になることが理想の姿だと思っています。そこに少しずつでも近づけるよう,活動を続けているところです。

(まさや・ゆみこ)

富国生命保険相互会社:会社概要

設　　　立:1923年11月
事業内容:個人・企業向けの保険商品の販売と保全サービス,財務貸付・有価証券投資など
総　資　産:6兆72億円(2013年3月末現在)
従業員数:1万3,488人(2013年3月末現在)
営　業　所:全国470カ所(2013年7月2日現在)
支　　　社:全国62カ所(2013年7月2日現在)
本　　　社:東京都千代田区内幸町2-2-2
千葉ニュータウン本社:千葉県印西市大塚2-10
Ｕ　Ｒ　Ｌ:http://www.fukoku-life.co.jp/

全日本空輸

キーパーソン

代表取締役社長
伊東 信一郎 氏

人事部 いきいき推進室
室長
槙田 あずみ 氏

人事部 いきいき推進室
コーディネーター
柿沼 郁子 氏

　全日本空輸㈱(以下，ANA)では，2007年に人事部内にいきいき推進室を設置し，女性をはじめとした多様な人材のキャリア支援と活躍推進のための取組みを行っています。取材では，キーパーソンの伊東信一郎社長といきいき推進室室長の槙田あずみさん，柿沼郁子さんにお話をうかがいました。

　伊東社長の指揮の下，ANAは女性が結婚や育児など人生を大切にしながら，自然体で輝ける会社になっています。槙田さんと柿沼さんは自身もワーキングマザーとして輝きながら，社内のロールモデルとして活躍しています。ANAは本当の意味で女性が輝く会社へとさらに変化していくことでしょう。

（取材日：2011年11月30日）

女性が働き続けるための制度は整った

——　ANAさんは，女性が多く働いているので女性が支えている会社というイメージがあります。女性の活用についてお聞きする前に，伊東社長のこれまでの経歴について少しお聞かせください。

伊東社長　会社に入って38年になりますが，キャビンアテンダントや空港のグランドスタッフなど，女性が多くいる職場で働いた経験は少なく，人事部や営業部など，どちらかというと男性ばかりの職場で働いてきました。ダイバーシティに初めてかかわったのは，10年前の人事部長のときです。ダイバーシティの研修を行うことになり，冒頭で話してくださいと言われたのです。

——　そのときはどう思われましたか。

伊東社長　そもそもそのときはまだダイバーシティという言葉を知らなかったので，「ダイバーシティってなんだ？」と思いました。わが社は女性が多いので，女性活用は熱心にやろうとしていて，それをもっと広げるという話でしたので，いいことだと思いましたが，会社としてどう展開して浸透させていくか，そして，それを自分のなかにどうやって落とし込むか悩みました。当時は新しい流れについていけなかったのかもしれません。

——　2000年ごろまでは，男性はずっと働き続けて，女性はそのうち家庭に入るというように役割分担がありましたが，ここ10年ぐらいで変わってきましたね。

伊東社長　私が入社したときは，キャビンアテンダントの定年は30歳だと言われていました。その後，女性からもっと働きたいという意見が出て少しずつ長くなり，1985年にできた男女雇用機会均等法で60歳定年になりました。こうした変化の流れは，会社や私たち男性が意識を変えてきた歴史でもあります。昔は，育児休職制度があったにもかかわらず，職場によっては子どもができたら当然辞めると考えているような上司もいました。それが均等法で大きく変わって，会社として女性を戦力化していくことを進めていくようになりました。いまのわが社の男女比率はほぼ同じくらいで，

ANAのダイバーシティの取組み

「いきいき推進室の活動の柱」
(2007年4月　人事部にいきいき推進室を設置)
①女性をはじめとした，多様な人材のキャリア支援と活躍推進
②仕事と家庭の両立を支援するための制度や仕組みの整備
③ダイバーシティ＆インクルージョンを推進し，企業の力とするための風土改革

「主な活動内容」
・社員満足度（ES）向上に向けた各職場の取組み・多様な働き方・ロールデルをHPで紹介
・グループ3万人対象の社員満足度調査（ESS）実施
・ワークもライフもがんばる人を表彰（WOW！賞）
・メンター制度の導入，メンター養成研修
・入社5年目の女性社員へのキャリアデザインセミナー
・育児休職者セミナー（年7回開催）
・KID DAY（社員の子どもの職場参観）（2011年度は全国6カ所）
・外部講師による講演会開催（介護・ワークライフバランス等）
・在宅勤務導入

ANA単体の女性比率：50.9%（2011年4月現在）
ANA単体の女性管理職比率：8.4%（2011年4月現在）

ANAの社員の状況（2011年取材時）

	社員数（人）	平均年齢（歳）	平均勤続年数（年）
国内雇用社員			
一般社員	5,677[291]	42.5	16.1
運航乗務員	1,824	45.4	21.8
客室乗務員	4,025	31.9	5.9
合計または平均	11,526	39.2	13.4
海外雇用社員	1,322	32.9	6.2
合計または平均	12,848[291]	38.6	12.7

(注)　1．社員数は就業人員であり，臨時社員数は［　］内に年間の平均人数を外数で記載している。
　　　2．社員数には，ANAから他社への出向社員は含まない。
　　　3．社員数には，他社からANAへの出向社員を含む。
　　　4．ANAの社員はすべて「航空運送事業」に属している。

女性が長く働き続けられる職場になりつつあります。懐妊・育児休職制度を利用した女性のほとんどが職場復帰してくれていますので、働き続けるための制度は整ってきたと思います。

制度は働き続ける人のためのセーフティネット

―― 槙田さんと柿沼さんは、いきいき推進室のスタッフとして全社員に向けたさまざまな活動をされていますが、今回はとくに女性活用についてお話をお伺いします。まず、ご自身の経歴やいまの仕事についてお聞かせください。

槙田氏 ANAは、「総合職事務職・技術職」「運航乗務職」「客室乗務職」「特定地上職」の職掌に分かれています。私はANAが国際線を飛び始めた1987年に客室乗務員として入社しました。国際線のチーフパーサーとして経験を積んだ後、1998年に地上勤務になり約2年半スタッフとして客室乗務員をサポートする側の仕事をしていました。2003年に育児休職を取得し、復帰後も国際線乗務を中心として働いていました。そのときは、月の半分以上は宿泊ありの変則勤務ですので、育児・生活・仕事のバランスを取るのに苦労しましたが、ロールモデルもたくさんいたので安心感はありました。そして、地域の方をはじめとした周囲の助けを借りながら、2008年に管理職になり、2011年5月に人事部いきいき推進室に異動になりました。

人事部は、いままでの職場とは異なるので毎日が勉強です。キャリアや5年、10年先の自分のありたい姿などを考える意味を理解すると、もっと早く気づいていればよかったなと思うこともあります。

―― 管理職になるときは、どんなお気持ちでしたか。

槙田氏 時間的制約・責任の重さなど、まだ知らない世界を勝手に想像してすごく悩みました。でも、後輩のためにいろいろなロールモデルがいたほうがいいと言ってくれる方もおり、また、何か困ったことがあれば周囲と協力しながら自分が変えていけばいいんだと見方を変えたことで、管理職にチャレンジしてみようという気持ちになりました。管理職になると「〜してほしい」から、「〜するにはどうすればよいか」をこれまで以上に考

えるようになり，いろいろな経験を積む機会が増えたので，いまはなってよかったと思っています。

柿沼氏　私は，1993年に特定地上職として入社し，3年目からは，新入社員や転入者向けの研修インストラクターをしていました。羽田空港には9年間いましたが，2002年に秘書室に異動して，初めて事務職を経験することになりました。2003年に育児休職を取得し，復帰後は，営業推進本部レベニューマネジメント部で飛行機の座席管理などをしていました。2007年に2回目の育児休職を取得し，2009年に復帰し，人事部いきいき推進室に配属となりました。これまでさまざまな職場を経験してきたことで，いろいろな人に出会うことができましたし，部署が違えば会社の見え方も違うということもわかりました。

── いまの部署にきたときは，どのようなお気持ちでしたか。

柿沼氏　いきいき推進室は現在，室長の槙田と2人で担当していますが，その前は女性の管理職が2人で担当していました。女性管理職の1人が育児休職に入るため私が入れ替わりで配属になったのですが，そのとき私は短時間勤務制度を利用しており，また管理職ではないので，前任者と同じだけの働きができるのか悩みました。でも前任の女性管理職から，子育てを経験している人にその経験を活かした視点をもって仕事をしてほしいと言われ，自分にできることをしていこうと思いました。いまの仕事は私の経験が活かせますし，いろいろ勉強もできるので楽しく，充実しています。

── いきいき推進室では，どのようなことをされているのですか。

槙田氏　いきいき推進室は，女性や多様な人財のキャリア形成支援や仕事と家庭の両立，職場風土改革を行うために2007年にできました。気軽に褒め合う文化の醸成，グループ3万人の社員満足度調査，育児・介護支援，従業員の子ども職場参観など，多様な人々がいきいきと働くことができる風土づくりを行います。

　ANAは，男女比は半々ですが，人員構成は異なり，女性はこれから結婚や出産を控えている20〜30代が，女性全体の80％ほどを占めます。しかし，そのなかで総合職や運航乗務職の女性は5％で，5年，10年先の目

標となる女性が少ないため，ワークライフバランスや今後のキャリア形成に不安をもっている人も多くいます。そこで，入社5年目の総合職・運航乗務職の女性を対象にキャリアデザインセミナーを行い，先輩女性のロールモデルインタビューを通じ，異動や転勤，出産や育児などの今後の予期せぬ変化を乗り越える一助としたり，希望した人にメンターを付け，縦横だけでなく，斜めにつながる関係を作っています。現在の仕事で，ANAグループの方と知り合う機会も増え，やりがいを感じています。

―― 育休から職場復帰された2人からみて，会社の育児支援制度はどうですか。

柿沼氏 いま現在，懐妊・育児休職制度を利用している女性社員は700人以上います。女性全体の1割が懐妊・育児休職中ということです。休職期間も懐妊休職と育児休職を合わせると最長3年弱取れるケースもあり，また短時間勤務も子どもが小学校3年生になるまで利用できるなど，手厚い制度が整っています。でも，それは子育てをしながらがんばって働いている人を応援するためのセーフティネットで，のんびり楽に働く人のためのものではありません。育児休職や短時間勤務制度は，その後の自分のキャリア形成や生き方まで考えたうえで利用を考えてほしいと思います。

―― 制度が整って働き続けられるようになったので，働き方に対する考え方が違ってきているのですね。

槙田氏 育児支援制度は，大変な時期を乗り越えて働き続けるためのセーフティネットです。人それぞれいろいろな事情や働き方があると思いますが，短時間勤務で働いていても時間あたりの生産性を意識した働き方や，後輩がめざしたくなる働き方をすることは可能だと思います。懐妊・育児休職制度を経て仕事に復帰することは，自分の今後のキャリアを考えるきっかけにもなります。

―― 2人はキャリアカウンセラーの資格もとられましたね。

柿沼氏 キャリアカウンセラーをめざそうと思ったのは，いまの仕事で役に立つと思ったからです。育児休職者向けのセミナーでも，いまは制度の説明や育児をしながら働いている人たちにノウハウを話してもらっているのですが，毎回100人以上集まるので，せっかくだから，そこでもっと自

▶左から順に植田氏，伊東社長，槇田氏，柿沼氏

分で何かできないかと思い，挑戦しました。

槇田氏 5年前に将来やりたいことに，「キャリアカウンセラーの資格を取る」と書いていたのですが，昔やりたいと思ったことに，いまの仕事がつながっていることがうれしかったです。キャリアについて学ぶことは，どこの職場にいても活かせるものだと思います。

ステップアップのために会社に何ができるか

―― 伊東社長は，現場を回って社員の方々の声を聞かれているとうかがいました。空港勤務は24時間体制で大変だと思いますが，現場の女性たちと触れ合って感じたことはありますか。

伊東社長 現場の人たちはみんな，一生懸命働いてくれています。わが社では，女性の働きが顧客満足を得るための非常に大きなポイントになりますが，現場の人たちと話すと，それをしっかりと自覚して働いてくれているのをひしひしと感じます。

―― 最近は採用試験などでも，男性より女性のほうがしっかりしているといわれていますね。

伊東社長 それはよく聞きます。男性にげたを履かせないといけませんね（笑）。いま，総合職の新入社員の男女比率は3：1くらいですが，これは画期的なことだと思っています。外国人の採用についても，2012年4月に入社する総合職事務職の25％は外国人です。そういう時代になっているんでしょうね。海外に行くと，女性がすごく活躍していると感じます。国際線のビジネスクラスに乗っている日本人の女性はまだ少ないですが，外国人の女性は多い。日本でもこれから増えてくると思いますが，わが社の女性も海外に行き始めています。

　たとえば，加盟しているスターアライアンスに出向してサービスのチェックと指導をしている女性がいますが，彼女は客室乗務員から総合職に転換して，現在はご主人を日本に残して単身赴任をしながらがんばっています。彼女がドイツ人などを指導しているのをみると本当にびっくりします。素晴らしいですね。

―― 女性の働きがいについてはどう思いますか。

伊東社長 会社として，女性活用についてもう少し目標をもって取り組んでいかなければならないと考えています。現在，役員に女性は1人しかいませんし，客室部門以外の女性の管理職は，まだまだ少ないのも事実です。しかし，昔に比べて総合職の女性の退職率が低くなってきているので，時間の問題だと思います。一方で，現状では家事や育児との関係や，転勤の問題等，男性よりも制約を受ける方が多いなか，管理職としての仕事をいかにこなしていただくか，環境をいかに整えていくか等，さらに考えて実行していく必要があると思います。

―― いまは女性が働き続けることがあたり前の時代になっているので，キャリアパスも大事だと思いますが，まだ女性がステップアップするにはハードルが高いように感じます。

伊東社長 そうかもしれません。育児のために休んでも職場復帰できる環境はできていますが，復帰した後のキャッチアップは相当大変だと思いま

すし，ハンディもあると思います。これを会社としてどうバックアップできるのか…。もちろん，本人が人一倍努力をするのがまず大切ですが，こうしたことも課題だと思います。外国では，女性管理職比率を40％にするといっているところもあります。一足飛びにはいきませんが，地道な活動が求められていると思います。

── いま御社の女性役員は1人，女性管理職もまだマイナーな存在なので，孤独に感じている人もいます。たとえば研修でも，男性だけと女性がいるのとでは全然違うので，女性管理職が増えれば会議の雰囲気も変わると思います。

伊東社長 女性がいると雰囲気が変わるというのはありますね。当社の関連会社の話で，パートの女性が1人入っただけで，男性だけのときより作業効率がすごく上がったそうです（笑）。飲み会もすごく盛り上がるので，いままではあまり参加しなかった人たちも，みんな参加するようになったそうです。女性役員が増えれば，役員会もそうなるのかもしれません。

── 働き続けることに関連して，男性シニア，女性シニアの再雇用や雇用延長についてはどう考えられていますか。

伊東社長 いまシニアの人たちには，空港でVIPのお客さまの接遇業務などをしていただいております。そういう業務は，豊富な人生経験があるからこそ，仕事に活かせる部分があると思います。シニアでも働き続ける意志がある人たちに，自分の経験してきたことをしっかり活かしてもらえるような仕事がもっとあればいいと思いますが，いままでマネジメントする側だったシニアの人たちに仕事を探すのは大変なようです。後輩の育成を図りながら，シニアの人たちにも働きがいをもってもらって，世代を問わず一緒にがんばれる職場環境をどう作っていくかが課題ですね。

そして，これからはグループ会社との関係も大切になります。グループ会社の力があって，初めて飛行機を飛ばすことができます。同じグループにいるのに知らない人たちが仕事をしているというのではいけないと思います。社員同士のコミュニケーションはもちろん，グループ会社の社員とのコミュニケーションも大事になってきます。

ロールモデルになることを期待

―― いまの御社の女性活用は，どのくらいのレベルだと思われていますか。

伊東社長 女性が働きやすいという点では，いい位置にいるのではないかと思います。5段階だったら上から2番目ぐらいでしょうか。今後は，私を含めて男性の理解がもっと必要ですね。いま新任管理職研修のなかでダイバーシティ研修も行っていますが，そうやって会社のメッセージを発信していくべきです。そして，それをグループ内の社員に浸透させていくことも大切です。グループ会社は力仕事をするところが多いのですが，いまは大型の作業車も女性が運転しています。そうした従来は男性の職場と思われていたところに，女性がどんどん進出してきているのはいいですね。

いままで男性ばかりだった職場に女性が入ると，職場がすごく明るくなるし，職場環境も変わります。たとえば，飛行機からお客さまが乗降するときに使用するボーディングブリッジの職場に，大阪で初めて女性が配属されたのですが，その女性がお客さまに挨拶をし始めたら，男性たちも挨拶をするようになったそうです。顧客満足の面でも職場活性化の面でも変わるので，本当にいいことだと思っています。女性の特色をどう活かしていくかは，職場を限定するという意識をなくして，女性がどの職場でも働けることが大事だと思っています。お客さまには女性も当然いらっしゃるのですから，サービス戦略を立てる部署等では，女性の力をより活かせると思います。今後は，もっと女性に進出してもらわなければなりません。

―― 槙田さんと柿沼さんは，これからどんなことをしていきたいですか。

槙田氏 女性社員はもちろんですが，いろいろな形で社員同士やANAグループをつなげる仕事ができればと思っています。他社の取組みを知る機会も多いのですが，そのなかで自社の強みもみえてくるので，得たものをいろいろな場面で発信していくことが大事だと思っています。

柿沼氏 グループ会社のなかには特例子会社もあります。働いている障がい者の方々のなかには，いろいろなことに挑戦したいと思っている人もい

ますし，1つの仕事を繰り返し行うことにやりがいを感じる人もいます。そういったさまざまな障がいをもった方々の力も活かしながら，多様な価値観を尊重しつつ，みんなでいきいき働いていければいいと思っています。

—— グループ会社の女性たちとも，つながっていければいいですね。

柿沼氏 グループ会社のなかには，まだ風土や意識，制度などが十分でないところもあり，結婚・出産を機に仕事を辞める女性もいます。ANAグループには約50社のグループ会社があり，現在，グループ一体感の醸成などにも力を入れていますが，まだ，ワークライフバランスやダイバーシティの推進などはグループ全社の足並みがそろっているわけではありません。今後はグループ全体で，女性も含む多様な方々がいきいきと働き続けられるように取り組んでいきたいです。

槙田氏 いまはグループ間の交流も増えていて，女性同士はいろいろなところでつながってきているので，できることはまだあると思っています。

—— 御社は社員がいきいきしていて，仲間意識の強いいい会社だと思います。

伊東社長 私はこの会社しか知らないので比較はできませんが，社外の人からはよくそう言われます。私自身も，愛社精神が強くみんなでがんばる会社だと思っています。しかし，いまは厳しい時代ですので，仲良しクラブになってはだめです。これまで以上に成果も出していただかないといけませんから，一人ひとりにしっかりと働いてもらうことが大切です。そのためには，仕事と社員自身の成長や生活との両立をどう取っていくか，どう働きがいを作っていくかが課題となります。

—— 最後に，伊東社長から御社で働いている女性へのメッセージをお願いします。

伊東社長 女性は会社にとって必要な人たちです。海外で活躍する女性社員も増えています。職掌転換やさまざまなことにチャレンジする制度もあるので，ぜひ自分のキャリアを主体的に考えてほしいと思っています。結婚や出産をしても働き続けている人も多いので，しっかり働いて，周りによい影響を与えられるリーダーやロールモデルになるようにがんばってほしいですね。

—— 本日はどうもありがとうございました。

ANAのその後…

◇2013年4月にホールディングス体制に移行したのを機に（ANAホールディングス㈱ 代表取締役社長・伊東信一郎），行動指針（ANA's Way）を刷新。新行動指針の項目のなかにダイバーシティ推進を掲げた
◇2012年1月，2013年9月・12月，ANAグループ横断的な「キャリアデザイン講演会・交流会」を開催
◇2013年8月より，ANAグループ全社員対象の横断的な行動指針を共有する研修をスタート
◇今後，女性活躍を重要な経営課題の1つとして位置づけ，ポジティブ・アクションを取組予定

槙田あずみさんのその後…

　私は，現在もいきいき推進室で女性活躍推進・ダイバーシティの担当者として活動しています。2013年にホールデイングス体制に移行したのを機に行動指針（ANA's Way）を刷新するプロジェクトの事務局を務め，チームスピリットの項目に多様性を活かすことを掲げました。現在はANAグループの全社員対象の横断的な研修や，ANA's Wayの理解・浸透・行動化に向けた推進活動を行っています。

　ダイバーシティ推進を進めていくためには，最終的には職場の風土が重要であると感じています。人種・年齢・性別・所属・役割・価値観などの違いを超えてオープンに議論し，お互いを高めていける組織風土や，一人ひとりが，やりがい働きがいをもち，チャレンジしていける組織，一人ひとりの想いを共有する場が不可欠です。このような風土やチャレンジの機会が，自律的なキャリア形成につながると感じています。

　サービスフロントラインとそのサポートセクションなどで，多くの女性社員が活躍していますが，今後もあらゆる職場において，多様化する顧客ニーズをとらえ，商品やブランドに新たな価値を生み出すとともに，組織に新たな価値観や変革をもたらす原動力として女性社員の活躍が大いに期待されています。女性社員がもてる能力を発揮し，施策や組織をリードしていくためにも，組織運営や人財育成のあり方について，今後議論を重ね，取り組んでいきたいと考えています。

（まきた・あずみ）

> 柿沼郁子さんのその後…

　私は育児休職から復職後の４年間，人事部いきいき推進室にいましたが，着任直後は育児と家庭の両立をめざした制度や支援を整備することが中心でした。その後，空港のシフト部門で短日数勤務を導入したり，2012年には地域限定の総合職が誕生するなど，両立支援の内容も復職後のキャリア支援へと変わっていきました。

　私自身も地域限定総合職の制度ができたことから，自分のキャリア領域を広げてみようと総合職に転換し，2013年４月からグループ会社のANAセールス㈱に出向し，販売事業本部東京支店法人販売部第一販売課で法人セールスを担当しています。多くのお客様にANAをご利用していただけるよう，日々目標に向かってチーム一丸となり，いきいきと働いているというのがいまの職場の印象です。

　グループ全体で女性を含む多様な方々がいきいきと働き続けられる会社にしたいという思いはいまも変わりません。出向をして感じたのは，グループ会社にはまだ若い女性社員が多く，このまま働き続けられるのか不安に感じている人も多いということです。これからもロールモデルとなる女性社員の輩出が必要で，そのための両立支援，キャリア支援，グループ横断的なコミュニケーションなども重要だと考えています。こういった取組みが継続され，さまざまなタイプのロールモデルが誕生し活躍することで，職場の活性化だけではなく，ANAグループの活性化につながっていくと期待しています。

（かきぬま・いくこ）

全日本空輸：会社概要
設　　立：1952年12月27日
　　　　　（2013年４月１日，ホールディングス体制に統一し新生全日本空輸㈱としてスタート）
事業内容：定期航空運送事業，不定期航空運送事業，航空機使用事業など
売 上 高：連結　１兆4,835億円（2013年３月期）
従業員数：ANA単体　13,731人（2012年３月31日現在）
本　　社：東京都港区東新橋１－５－２
　　　　　汐留シティセンター
Ｕ　Ｒ　Ｌ：http://www.ana.co.jp/

新日鉄住金エンジニアリング
(旧・新日鉄エンジニアリング)

キーパーソン

代表取締役社長
高橋 誠 氏

総務部 人事室
増田 梓 氏

総務部 人事室
飛塚 美紀 氏

　製鉄・環境プラントなどの製造を行っている新日鉄住金エンジニアリング㈱（旧・新日鉄エンジニアリング㈱）では，2009年12月に人事部内で女性活躍推進プロジェクトの準備を始め，2010年4月から本格始動させました。取材では，キーパーソンの高橋誠社長と人事部で女性活躍推進プロジェクトを担当している増田梓さん，飛塚美紀さんにお話をうかがいました。

　男性の多い業種ですが，試行錯誤しながらも研修メニューの充実や制度の見直し，配置・業務付与・対話の見直しなどさまざまな施策に前向きに取り組んでおり，女性活躍推進は着実に広まっています。その大きな理由の1つが，高橋社長の存在です。

（取材日：2012年2月22日）

女性部下の結婚をきっかけに女性活躍を考える

―― 高橋社長は2011年に社長に就任されましたが，ワークライフバランスに強い関心をもたれており，女性活躍推進の応援団にもなっていらっしゃるそうですね。会社のことをお話しいただく前に，まずこれまでの経歴を少しお聞かせください。

高橋社長 私は1974年に新日本製鐵に入社して，プラント工事部や設計部など現場に関係する部署で仕事をしてきました。1970，80年代の女性社員の業務は男性のアシストが多く，結婚したら会社を辞めると思われていて，とくに重厚長大産業は男社会なので，その文化が強かったですね。そんななかで，私が女性の活躍について最初に意識したのは，掛長になってスタッフ部門に配属になったときです。それまでの職場は男性ばかりでしたが，スタッフ部門は定型業務中心で女性が多くいました。彼女たちは優秀ではじめはがんばっているのですが，アシスト業務ばかりなのでだんだんやる気をなくしてしまう社員もいるんですね。

当時の部下に，私のねらいをよく理解して指示した以上の結果を出してくれる優秀な女性が2人いました。男性でも私が5いったら3しか出さない人もいたので，すごい女性がいるなと思っていたのですが，ちょうど同じころに2人が結婚したんですね。1人は結婚相手の希望もあり会社を辞めたのですが，もう1人は結婚しても働きたいと私に相談に来ました。そこで人事部に掛け合ったところ，最初は否定的な答えだったんです。

―― 女性の結婚退職があたり前の時代だったんですね。

高橋社長 私は彼女に辞めてほしくなかったので再度人事部に掛け合い，無事に結婚後もがんばって仕事を続けてもらうことができましたが，そのとき「結婚で優秀な女性が辞めてしまうのは本当にもったいないことだ」と思いました。それからは私の役職が上がるごとに，やる気のある女性には業務の幅を広げてもらおうと，仕事をお願いするようにしました。彼女たちは期待どおりがんばってくれましたよ。そこで，次のステップとして昇格させてあげたいと思いました。しかし人事部は「経験年数的に難しい」

新日鉄住金エンジニアリング

新日鉄エンジニアリングのダイバーシティの取組み

［女性活躍推進プロジェクトの主な活動内容］
● 研修・学びの場の充実
・女性社員とその上司を対象とした説明会＋植田寿乃氏のワークショップ
・ENカレッジ（坂東眞理子氏による講演会）
・ビジョナリーウーマン（7つの習慣）研修
・女性社員を部下にもつ上司セミナー
・各種スキル研修の充実
・女性交流会の実施（ダイアローグによる）
● 上司部下対話の充実と職場での実践
・女性社員と上司と人事による三者面談の実施
● 処遇に関する運用の見直し
● 多様な働き方を支援する制度の充実
・育児コミュニティの開催（会社への要望書提出）
・育児・介護新制度施行（2011年4月〜）
・育児支援サービスの提供

女性人数（比率）：139人（10％）（2012年1月1日現在）
全管理職：870人　女性管理職：8人（2012年1月1日現在）

ダイバーシティのビジョン

「あなたが創る，みんなが支える"e-frontier project"」
・自らの仕事に前向きに取り組むすべての女性社員を支援し，一人ひとりの能力・成果発揮の度合いに応じて活躍の場を提供します。
・社員全員がお互いを認め合い，多様な事情や制約をもつ社員が活き活きと働き続けることができる職場を創ります。

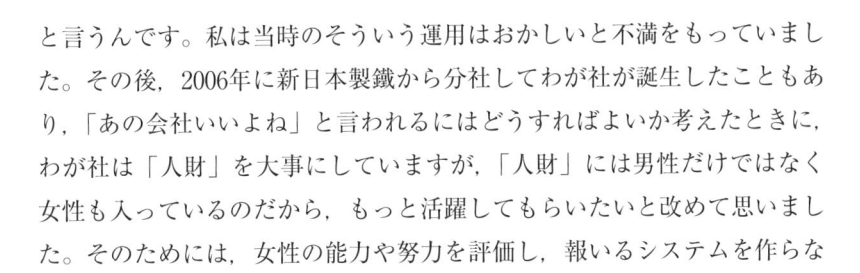

と言うんです。私は当時のそういう運用はおかしいと不満をもっていました。その後，2006年に新日本製鐵から分社してわが社が誕生したこともあり，「あの会社いいよね」と言われるにはどうすればよいか考えたときに，わが社は「人財」を大事にしていますが，「人財」には男性だけではなく女性も入っているのだから，もっと活躍してもらいたいと改めて思いました。そのためには，女性の能力や努力を評価し，報いるシステムを作らな

いといけません。いまは，出産やご主人の転勤などで会社を辞めなくてもよい制度も整え，徐々に女性のがんばりをきちんとサポートし評価できる会社になりつつあると思っています。私としては，たとえば会社に保育所を設けて，子どもができても会社に子どもを預けて手をつないで帰れるような，社員の家族も大事にする会社にしていきたいと思っています。

前任者の育児休業を機に女性活躍推進を引き継ぐ

―― 増田さんは，前任者の飛塚さんが2回目の育児休業を取られるときに，引き継いで女性活躍推進の担当になられましたが，それまでのお仕事と担当になられたときのお気持ちはどうでしたか。

増田氏 2003年に新日本製鐵に入社して，新日鉄エンジニアリングの前身であるエンジニアリング事業本部の人事部門に配属になりました。入社後からいままで人事部門で派遣人事・退職事務・採用・人材開発などを担当してきて，2010年7月に女性活躍推進プロジェクトの担当になりました。いまは，昇給・賞与関連事務など他の人事業務を担当しながら，プロジェクトを担当しています。このプロジェクトは，2009年12月から人事室内で準備を始め，2010年4月に正式にスタートしました。これまでに，研修などの充実や上司部下対話の実践，処遇や制度に関する見直しなどの活動をしています。はじめは男性上司と飛塚さんの2人が担当していましたが，飛塚さんが育児休業に入ることになり，私が代わりに担当になりました。

―― 担当になってどうでしたか。

増田氏 担当前の採用や人材開発の仕事は，自分からやりたいと手をあげたものだったので，もう少し続けたいという気持ちもありました。でも，それまでにいろいろ任せてもらった満足感もあったので，今度は女性活躍推進を飛塚さんから引き継いでがんばろうと思いました。ただ，担当になって最初に任された主な仕事が，育児休業取得経験者による「育児コミュニティ」の運営や，仕事と育児の両立支援策を会社として整えていくことだったので，独身で子どももいない私でいいのかと思い，まったく自信がもて

ませんでした。また，いままでのように目標に向かって結果を出して終わる仕事とは違い，女性活躍推進は課題も多く終わりがみえにくいので，不安もありました。

—— 不安な気持ちは，仕事をするうちに変わりましたか。

増田氏 自分らしく何ができるかを考えたときに，独身の自分でもこれから結婚や出産をして制度を使うかもしれない人や，制度を使っていない人の目線で進めていけるのではないかと思ったら，気持ちが前向きに変わりました。2011年は制度面以外に「仕事と育児の両立支援ハンドブック」を作成したり，育児休業中のパソコン貸与やｅラーニングによる「復帰支援プログラム」の導入など，さまざまな両立支援サービスを整えました。自分自身のアイディアが活かされる仕事もあり，とても楽しいです。少しずつ制度などが整い，女性社員からも，「こういうものが欲しかった！」「活用しています」「自分のときにもあればよかった」という反応をいただけると，やる気にもつながります。

—— 飛塚さんは２回育児休業を取って戻ってこられています。そのような経験を踏まえながら，お仕事や会社についてお話しいただけますか。

飛塚氏 私は2000年に新日本製鐵に入社して，エンジニアリング事業本部の人事部門に配属され，人事業務をひと通り担当しました。分社後も引き続き人事部門で仕事をし，2007年に１回目の育児休業を取って復帰し，2010年に２回目の育児休業を取って，2011年10月に復帰しました。１人目のときに，私と２カ月違いで子どもができた仕事のできる先輩が会社を辞めてしまいすごく残念に思ったこともあって，私は子どもができても仕事を続けたいと思っていました。たまたま，2006年にできた育児休業制度などについて詳しく掲載された休暇・休業制度のリーフレットが全社員に配付されたときに子どもができたこともあり，当時の上司も快く「応援するよ」と言ってくださいました。

—— それを聞いてどう思われましたか。

飛塚氏 子どもができたら辞めなければいけないのかなと思っていたので，そう言ってくださってうれしかったです。女性活躍推進の担当になっ

たのは，上司から「こういう活動をしたいと思っているので担当としてやってみないか」と言われたのがきっかけです。プロジェクトの準備段階から携わって，会社が少しずつ変わっていくのを間近にみてきました。
—— 2人目を産んでも，戻ってこようと思いましたか。
飛塚氏 仕事を続けることについてはそれぞれ事情があると思います。私は夫や家族に相談したら，「続けたいなら応援するし，できることはなんでもサポートする」と言われ心強く思いましたし，この会社が好きなのでもっと仕事をしたいと思っていました。2人目を授かったときの上司も「今度も戻ってくるんだよね，待ってるよ」と言ってくれました。戻ると思ってくれているのが，とてもうれしかったです。2度目の復帰のときも，久々の職場は緊張しました。最初は会社にいても子どものことが心配でしたが，1カ月くらいで生活のリズムができて，仕事を楽しむ余裕が出てきました。仕事をしながらの2人の子育ては大変ですが，楽しさや充実感はそれ以上にあります。子どもができたことで，家族や職場など周りの人たちへの感謝の気持ちが強くなりましたし，仕事も育児も家庭も，自然体でがんばりたいと思えるようになりました。仕事は前倒しで進めて，情報は職場にオープンにするように心がけています。
—— 飛塚さんは，いまは女性活躍推進の担当ではありませんが，前任者として，また後任の増田さんががんばっている姿をみて，どう思われていますか。
飛塚氏 私は女性活躍推進の仕事をもう少しがんばりたいと思っていたときに子どもができて，増田さんに引き継ぎました。増田さんはそのとき担当していた仕事にやりがいを感じていたので申し訳なかったのですが，彼女ならやってくれるだろうと思い，引き継ぐときには，いままでの活動と自分やかかわったメンバーの思いを詳しく話して後を託しました。増田さんは女性活躍推進を着々と進めてくれていますが，いろいろと悩みも出てきたようなので相談に乗れたらと思って声をかけています。
—— 増田さんは飛塚さんが戻ってきてどうですか。
増田氏 すごく心強いです。女性活躍推進はまだまだ課題はありますが，飛塚さんからは率直な意見がもらえるので，がんばる原動力になっています。

▶左から順に植田氏，高橋社長，増田氏，飛塚氏

いろいろな人の考えを聞いて受け入れる

—— お2人の関係はすごくいいと思いますが，高橋社長はどう感じられていますか。

高橋社長　増田さんは，経営陣の思いをよく理解してがんばってくれています。女性活躍推進は勢いを止めないことが大切なので，引き続きがんばってほしいですね。飛塚さんは2人の子どもさんを育てながらがんばっている若手女性社員のロールモデルです。仕事，奥さん，お母さんの3役を経験するのは大変でしょうが，それだけ人生が豊かになると思います。

—— 高橋社長は，男性・女性関係なく若い人の意見をよく聞かれるそうですね。

飛塚氏　5年くらい前に，私が給湯室で後輩と仕事上の話をしていたら，当時，取締役だった社長が通りかかられて，「どうした，悩んでいるんだったら話を聞くよ」と気軽に声をかけてくださいました。それまで面識もあまりなかったのに，すぐに時間を取ってお話を聞いていただき，とても前向きな気持ちになれました。

高橋社長 私は人生でも仕事でも人とのコミュニケーションが大事だと思っているので，嫌われないかぎり積極的に人と話すようにしています。昔から若い人にはたくさん本を読み，多くの人と話しなさいと言っているのですが，同じ職場の人はさることながら，全然知らない人，たとえばたまたま新幹線で隣に座った人と30分とか1時間話して，あっという間に時間が過ぎるような人間になろうよと言っています。人と話すことで話題が豊富になり人脈も増えますし，その人の人生経験から何かを得ることができます。私は老若男女にかかわらず，有名人にも話しかけます。なかには嫌がる人もいますけれど（笑）。皆さんの考えや悩みを聞くことは，1つの情報になりますし，考えることで発想のパターンがいくつもできるので，自分にとってもプラスになるんですね。いろいろな人の考え方，まさにダイバーシティの理解が必要なので，若い人や女性，全然違う立場の人が考えていることを聞きます。会社でも3，4カ月に1回，若い人を集めて7，8人で飲みに行っています。価値観は時代とともに変わるのに，自分の価値観だけで考えている人はどうかと思いますね。

—— いまの御社の女性活躍については，どう考えられていますか。エンジニアリング会社は男性が多いので，そのなかでがんばれと言われると，男性と同じように企業戦士になることだと思ってプレッシャーに感じる女性もいると思うのですが。

高橋社長 男性でも女性でも，夜も昼もなく仕事オンリーという古い企業戦士の考え方はナンセンスです。ただ，男性と女性は生物学的に違うことをお互いに認識し合ったうえで，仕事をしていくことが大切だと思います。私が調達部門も担当範囲であったときには，主に男性がやっていた販売代理店の方への対応業務の3分の1を女性に任せるなど，女性の活躍の場を多く作ってきました。このような職場はほかにもたくさんあると思います。そういう職場から女性の管理者や役員を作っていって，女性が5年後，10年後，20年後のキャリアをイメージできるようになればいいと思っています。

わが社はいま，女性の課長クラスは2人だけで部長はまだいないので，私たちがイメージしている女性の活躍を実現できる会社になれるように，

具体的に目標を示して数を多くしていくことも重要だと思っています。また，いろいろ制度は作りましたが，独身の方が自分たちには利用できない制度ばかりだと感じているところもあるので，そうではなくて全社員のための制度も整えていることを認識してもらいたいと思います。そして，働き方についても社員全員の意識をこれからさらに高めていきたいですね。

―― 「肉食系女子」という言葉もあるように，女性が元気だと言われていますが。

高橋社長　私の娘はいま産休に入っているのですが，結婚したときから私に，「子どもができたら育児休業を取って仕事は続けるから，子どもの面倒はお父さんに頼むね」と言っていました（笑）。娘をみていると，いまの女性たちは仕事も家庭もがんばっているなと改めて思いますし，男性も育児や家事のサポートをきちんとしていると感じますね。私は全然だめだったので，言ってることとやってることが違うじゃないかと言われるのですが（笑）。女性ががんばって働き続けるためには，男性，そして会社や世の中の協力が必要です。女性に仕事も家事もというのは難しいので，男性もきちっと分担しないといけません。

女性活躍への偏見をなくしていく

―― 女性は上司によって可能性が引き出されると思いますが，社内の雰囲気や男性管理職に対してはどう感じておられますか。

高橋社長　制度などのハード面は整ってきているのですが，まだ，「男性は仕事をして女性は家庭に入る」というような古い感覚を感じることがあるので残念に思うときもあります。優秀な女性に本当の意味で活躍していただけていない職場がまだあるので，まず社長の私が実践して，きちんと活躍をサポートしていけるようにしたいです。仕事はミッションをまっとうすることですから，そこでは男性・女性は関係ないのです。男性管理職には，古い感覚を改めて女性を一生の仲間として信じて，お互いに尊重していかないと自分たちの将来はないですよといいたいです。上に立つ人に理解があれば，いい会社になります。そういう緊張感をもって男性管理職

にはがんばってほしいですね。

―― 増田さんや飛塚さんはどう感じられていますか。

増田氏 男性上司のちょっとしたひと言が，女性社員のやる気を下げてしまうことがあるようです。でも，男性上司に悪気はなく，女性部下の気持ちの変化に気づいていない場合がほとんどです。また，上司によって女性サポートに差があると感じる人もいますので，公平感を大切にして活動を進めていくべきだと思います。

飛塚氏 せっかくがんばろうと思っているときに，女性同士のなかで「あなたの上司は理解があるし，任せてくれていいわよね」というふうになってしまうのはもったいないし，とても残念だと思います。

―― 女性だけ，男性だけという別々のセミナーなどより，上司と部下が一緒に参加できる取組みをするといいかもしれませんね。増田さんは担当者として，これからどのようなことを行っていきたいですか。

増田氏 女性活躍推進は根気強く長く続けていくべき活動だと思っていたので，社長が「2015年戦略目標（2nd STAGE 2015）」のなかに女性活躍推進を掲げてくださったことは，すごく心強かったです。さまざまな制度や支援は整ってきたので，これからはすべての女性社員がいきいき働くための支援や職場づくりに力を入れたいと考えています。2011年7月からは，「女性交流会」を始めました。各地域のさまざまな部署・世代の女性社員が集まり，業務上の課題や悩みを対話（ダイアローグ）を通じて共有することや，社員同士のネットワークづくりのきっかけをねらいとしています。1泊2日で，これまでに東京と北九州で3回開催しましたが，参加者からは「先輩の経験・ノウハウはとても参考になった」「仕事や私生活のモチベーションが上がった」など，多くの気づきや刺激，学びがあったと好評でした。女性交流会が契機となり，自主的な勉強会や食事会を開く例もありうれしく思います。2012年度も女性交流会は継続して実施し，最終的には全女性社員に参加していただく予定です。

また，2012年度は新しい取組みとして，女性社員へのメンター制度を試行的に導入する準備を進めています。メンター制度は，メンティだけでは

なくメンターにも学びのメリットがあり，社内コミュニケーションの活性化にもつながるので，若手もベテランもいきいき働くきっかけの1つになればいいなと思っています。
―― 総合職と一般事務のくくりが壁になることもありますが，高橋社長はどう思われていますか。
高橋社長 一般事務担当として入社した社員も，意思や能力に応じて総合職的な業務を担当したり，会社として制度的な検討も行うなど，意欲を上げてもらいながらそれに見合う施策を示していかないといけません。それは，一般事務を担当する社員に厳しくしてがんばらせるというものではなく，周りの人が楽しくやっているから私もがんばろうという環境にしていければと思っています。
―― いきいき仕事をして，その結果が成果になるのが一番いいですね。楽しく，でも楽々働くのではない，成長と貢献という満足感が大事ですね。
高橋社長 人は必要とされている意識があれば苦労もいといません。増田さんには，これからはリーダーとして事業所や支社・支店を回って社員と対話をしてほしいですね。本社以外の人が「女性活躍推進は本社だけでしょ」と思っていると感じることがあるので，対話して自分と女性活躍推進の活動を知ってもらって，一緒にがんばろうというふうにけん引してほしいですね。
―― これから女性にどのように活躍してほしいと思っていますか。
高橋社長 会社を通じて社会に貢献していると感じられるような仕事の仕方ができるようになってほしいですし，そう感じられる仕事と職場を準備することが必要だと思っています。社会に参画していると自覚できれば，仕事への工夫や努力がおのずと出てきます。そのために必要があれば，みんなでディスカッションをして制度や職場を変えてほしいという提案を遠慮なく私に上げてほしいと思います。いま，私も女性活躍推進についていろいろ勉強させてもらっています。わが社の活動は2010年からなので，当時は周回遅れという話もありましたが，後半に強いほうですからね（笑）。
―― とどまることなく追い上げてください。どうもありがとうございました。

新日鉄住金エンジニアリングのその後…

◇2012年4月，社内イントラネット内に女性社員の業務紹介ページを設置
◇2013年10月から，女性社員（一般事務担当）を部下にもつ上司に向けたセミナーを開催

増田梓さんのその後…

　当社が女性活躍推進活動に取り組み始めてから3年半が経過しました。私は現在も引き続き女性活躍推進担当者として，新たにみえてきた課題に取り組んでいます。「女性交流会」は，取材を受けた2012年2月以降も継続して実施し，2012年度中に一般事務職を担当している全社員約110人に参加してもらいました。私は，交流会の全部の回にオブザーバで入ったことで，すべての一般事務担当の女性社員と直接会うことができ，皆さんのさまざまな課題や悩みをくみ取ることができました。現在は，交流会でくみ取った声を解決するためのキーマンとなる「上司」を対象にセミナーを企画し，準備を進めています。

　この3年半を振り返ると，ライフイベントとの両立を支援する制度・サービスはおおむね導入が完了し，毎年行っている社員満足度調査の結果でも「働きやすさ」を示すポイントはかなり上がっています。一方で「働きがい」という点では，各職場で工夫しながら取り組んではいるものの，まだ課題感があります。今後はこの「働きがい」につながる施策に重点をおいて取り組んでいきたいと考えています。そしていずれは女性活躍推進がそのまま会社の風土となり，多くの女性社員がキャリアをイメージしながら目標をもち，生き生きと働き続けられる会社になることを願っています。

（ますだ・あずさ）

新日鉄住金エンジニアリング：会社概要

設　　立：2006年7月1日
事業内容：製鉄プラント，環境ソリューション，海洋・エネルギー，建築・鋼構造事業など
売 上 高：3,030億円（2012年度連結）
従業員数：単体　1,224人（2013年3月末現在）
本　　社：東京都品川区大崎1－5－1
　　　　　大崎センタービル
ＵＲＬ：http://www.eng.nssmc.com/

カシオ計算機

キーパーソン

執行役員
VP事業部長
持永 信之 氏

女性活躍促進WG
1期 副部長
飯野 彩子 氏

女性活躍促進WG
1期 部長
寺島 惠美子 氏

女性活躍促進WG
2期 代表
吉本 真美 氏

　デジタルカメラ，時計などの開発・販売を行っているカシオ計算機㈱では，2007年の社内キャンペーンをきっかけに，2008年に女性活躍促進ワーキンググループが発足しました。取材では，キーパーソンの持永信之執行役員とワーキンググループ1期メンバーの飯野彩子さん，寺島惠美子さん，そして2期メンバーの吉本真美さんにお話をうかがいました。
　持永執行役員は男手一つで3人の子どもを育てながら働いてきた元祖イクメンです。経験から発信されるメッセージは，説得力があるからこそ，社内の女性たちの心に響いています。そこに，ワーキンググループメンバーの情熱とパワーが入ることで推進の原動力となり，組織風土に変化をもたらしています。

（取材日：2012年4月4日）

シングルファザーで子育てしながら執行役員に

—— 持永さんは，2012年2月に行われた女性社員向けのセミナー（研修）で，シングルファザーとして3人のお子さんを育てられた経験などをお話され，それ以来，多くの女性社員から共感と信頼を得られているそうですね。まずは，これまでの社内での経歴をお話いただけますか。

持永氏 私が入社した1980年は，初めて四大卒の女性が同期で入ったりと，女性も男性と同じように働くことが世の中で始まったころです。わが社はマイクロコンピュータで伸びてきた会社ですが，私はぜんぜん違う化学出身で，あまのじゃくな性格もあって，既存商品だけに頼らず新しい商品を作るべきだという思いをもっていました。コンシューマ事業部，研究開発センターなどで仕事をして，いまはVP事業部の役員として電子文具の新規ジャンル開発に携わっていますが，うまくいったりいかなかったりの繰り返しでしたね。部門がなくなることも何回も経験していますが，幸いにも，いつも次にチャレンジする仕事にうまくめぐり合うことができたので，いまの自分があると思っています。

—— 仕事でいろいろなご経験をされて，それが次の展開につながっていったのですね。

持永氏 なんでも自分のためになると思って受け入れてきました。私たちが開発しているのは一般の方が使う商品なので，1つの専門分野だけを追求していてもいいものは生まれません。違う分野もみて異質なものを受け入れないとイノベーションは起こらない。融合志向とバランス感覚が大事です。それは仕事だけではなく，子育てにも共通していますね。

—— シングルファザーで子育てもされてきたので，お仕事だけではなくプライベートで悩まれたこともあると思いますが…。

持永氏 子育ては，シングルファザーになる前の20代のころからずっとやっていたので，そんなに大変だとは思いませんでした。でも家事は，洗濯機も回したことがなかったので，最初は本当に大変でしたね。一番大変

カシオ計算機のダイバーシティの取組み

2008年4月　　女性活躍促進ワーキンググループ（1期）発足
2009年度　　社長とWGメンバーの座談会開催
　　　　　　　部門長座談会（11部門長）開催
　　　　　　　アクションプランの作成
2010年度　　女性社員，管理職にアンケートを実施
　　　　　　　女性社員向け「女性活躍推進セミナー」の開催
2011年4月　　女性活躍促進ワーキンググループ（2期）開始
2011年度　　ワークライフバランス交流会の開催
　　　　　　　女性社員向け「キャリアに関するセミナー」の開催

女性社員比率：12.9％（2012年3月31日現在）
女性管理職比率：1.5％（2012年3月31日現在）
※カシオ計算機単体

ダイバーシティのビジョン

性別・年齢・国籍や障害の有無を問わず，一人ひとりの能力を最大限発揮できるよう環境整備を進め，社員の成長・活性化と会社の拡大発展を，最高の状態で両立させることをめざしています。女性活躍促進ワーキンググループは女性社員がさらに能力を十分に発揮し，活躍できる環境を構築することを目的としています。

だったのは，子どものお弁当づくりです。自分のライフプランのなかに，お弁当づくりはありませんでしたから（笑）。ところが，中学校には給食がないと言われて，「毎朝お弁当を作らないといけないのか」とショックを受けました。それまでは，1人でもやっていけると思っていたのですが，それでちょっと自信がなくなりましたね。子どもが中学・高校の間は，気が休まりませんでしたよ。

──　ちょうどお仕事でも，責任のある立場になられたころですよね。

持永氏　いまでも，そのころどうやっていたのか思い出せないくらい本当

に忙しかったです。ところどころで手を抜いたり，子どもと一緒に分担してやっていました。私は，日々成長する子どもたちと時間を共有できることは，それだけで幸せだと思っていたので，大変だとか仕事に影響があるというよりは，とてもやりがいを感じていました。仕事をしながらの子育ては物理的には大変でしたが，精神的には子どもたちに勇気づけられていたんだと思います。

—— 持永さんはイクメンのロールモデルだと思いますが，いまのイクメンについては，どう思いますか。

持永氏 私は好きでやったわけではないんですけどね（笑）。いまの男性は，いろいろなことをやっていてすごいなと驚きますね。昔は，保護者会に行くと男性は私1人，しかも背広を着ているので違和感がありました。そのころは，男性の私がお茶出しを手伝おうとすると，女性が恐縮するのでやりにくかったのですが，いまのイクメンは女性に交じってなんでもできる環境ができていていいなと思います。

女性の提案を採用しワーキンググループが発足

—— 飯野さんと寺島さんは，女性活躍促進ワーキンググループ（以下，WG）の1期メンバーとして，いろいろな活動をされてきました。まずは，お2人のこれまでのお仕事と，メンバーになった経緯などをお聞かせください。

飯野氏 私は，1994年に入社して以来ずっと秘書室にいて，いまは室長をしています。仕事で「女の子じゃなくて上司を出して」と言われたこともあったので，ずっとそんな意識は変えたいなと思っていました。そこで，当社の行動指針である「毎日改善」のメソッドの1つとして2007年に展開された"提案キャンペーン"で，女性が活躍できる環境を作る専門組織を立ち上げてはどうかと提案したんです。ちょうど，社長が「女性のプロフェッショナル社員を育てたい」というメッセージを発信していたこともあり，1,000件以上の提案のなかから私の提案が第1号として採用されました。そして，会社として取り組むことになり，2008年にWG（経営企画

部管轄）を作るのでメンバーに入るようにと言われました。

―― ほかのメンバーはどうやって集められたのですか。

飯野氏 もっている資格やキャリアを考慮しながら，経営企画部が面接をして選びました。1期メンバーは，本社の係長・リーダークラスの女性7人で，全員，WG活動は兼務です。それまであまり面識のない人ばかりだったのですがすぐに仲良くなって，会議だけでは足りず，業務時間外にも集まってよく議論していました。

寺島氏 私は1992年に入社して，人事システムのインストラクター，販売促進企画などを経て，2011年の4月からグループ会社の㈱カシオコミュニケーションブレインズに異動して，いまは主に展示会の企画・推進をしています。私自身は上司に恵まれたこともあり，昇格などでとくに「女性だから」ということで嫌な思いをしたことはありませんでしたが，社内をみると役職者は男性だけだったので，女性が認めてもらうのは難しいのかなとも思っていました。そんなときに，WGメンバーに声をかけてもらいました。WGに入って，それまではあまりなかった女性同士のつながりができて，他の部署のがんばっている女性と知り合えたので，ネットワークが広がりました。

―― WGでは，どのような活動をされてこられたのですか。

寺島氏 2008年度は，経営企画部から出された課題について話し合ったり，他社に話を聞きに行ったりしていました。話し合ううちに，メンバーから「私たちだけで決めていいのか？」という疑問が出たので，本社と八王子技術センター，羽村技術センター，営業所，グループ会社の女性社員30人に面接をして，女性の活躍促進について意見を聞いたりもしました。そのほか，女性向けのセミナーや，管理職に対して女性への対応を学んでもらうeラーニングも行いました。はじめのころの活動は経営企画部主導でしたが，もっと女性が中心になって活動したほうがいいというトップ層の意見もあり，2009年度からWG主導に変えました。そこで，グループ内の役職として私が部長で飯野さんが副部長になり，メンバーも13人に増やしました。

―― ここで，いまのWGの形ができ上がったのですね。そこからはどのように進められたのですか。

寺島氏　まずはメンバー全員のイメージを合わせるために，自分たちの目的が何で，どこをめざしていて，これから何をしていくかを1年かけて話し合い，アクションプランを作成しました。また，社内報に社長とWGメンバーとの座談会を載せたり，上司の意識を変えるために，部門長とWGのメンバー2～3人ずつで座談会を開いたりしました。2010年度からは，WGの管轄が経営企画部から人事部に変わりましたが，女性社員と管理職にアンケートを行ったり，社内イントラネットで活躍している女性社員を紹介する「いきいき女性社員に聞いてみ隊！」をスタートしたりしました。また，女性社員向けにワークショップ形式の「女性活躍促進セミナー」も開催し，午前の部では女性の部下をもつ管理職にも参加してもらいました。

飯野氏　その後，2011年度からはWG活動を2期のメンバーに引き継ぎ，WG内の役職も，それまでの部長・副部長から代表に変わりました。

　―― 吉本さんは2期の代表をされていますが，これまでどのようなお仕事をされていてWGのメンバーになられたのですか。

吉本氏　私は1991年に大阪のシステム営業所に経理として入社して，2008年に東京本社に転勤になりました。いまは，東日本ハブセンターのマネージャーをしています。大阪にいたころにもWGの存在は知っていましたが，本社でやっていることだという距離感がありました。でもこちらに来て，その後結婚をしたこともあり，だんだん家庭と仕事の両立について考えるようになってきたときに，2期メンバーに入らないかというお話をいただきました。1期のメンバーがゼロから作り上げてきた活動や思いをちゃんと引き継げるか不安でしたが，私に声がかかったのは求められているものがあるからだと考えて，お引受けしました。

　2期は全員が新しいメンバーです。10人中4人がワーキングマザーで，男性も2人います。2011年度は，1期のメンバーのアクションプランを引き継いで，仕事と育児の両立について考えるワークライフバランス交流会などを開催しました。いまでもまだ1期のメンバーに頼っている部分が多

▶左から順に植田氏，吉本氏，持永氏，寺島氏，飯野氏

く，早く独り立ちしないといけないと思っています。
―― 2期のメンバーにはワーキングマザーもいて，1期とはまた違ったメンバーが集まっていますね。
吉本氏 子育てをしている人は，本当に時間を上手に使われています。そのようなノウハウを社内で共有して，みんながいきいき働ける状況を作っていきたいと思っています。

ライフ・ワークバランス10カ条

―― 2012年2月のセミナーでは，飯野さんが持永さんに講演を依頼されたとお聞きしました。
飯野氏 持永さんが，シングルファザーで3人のお子さんを育てていると聞いたときは，男性でしかも執行役員なのにと，本当にびっくりしました。そのときから，持永さんのお話をもっといろいろな人に聞いてほしいと思っていたので，今回，セミナーでの講演をお願いしたら快諾してくださっ

て，うれしかったです。

持永氏 会社のなかのことだけではない，生き方や人生の話ができるかなと思ってお受けしました。

―― 子育てを経験されている持永さんは，同世代の男性より，子どもを育てながら働いている女性の悩みに共感できるのではないかと思います。女性のなかには，子どもができてもいまのように働けるか悩んでいる人もいますね。

持永氏 世の中の人がこうしているからといって，自分もそうしなければいけないということはないと思います。自分なりに，「いまはこれができる」と考えればいいんです。子どものお弁当だって，毎日作るのが大変なら割り切って，たまにはコンビニのお弁当の日があってもいいと思います。私は，中学校の入学説明会で「お弁当はお母さんの愛情で作ってください」と言われて，「父親の愛情はなくていいのか」と思ったので，意地で毎日作りましたが（笑）。仕事もプライベートも自分の価値観で優先順位をつけて，バランスを取りながらやれることをやればいいのではないでしょうか。

―― セミナーで多くの女性の共感を得ていたのが，持永さんの「ライフ・ワークバランス10カ条」です。紙に書いてときどき見返している女性社員もいるようですね。

持永氏 あれは，私の思いや価値観を男性・女性に関係なく伝えたかったので，ふだん子どもや部下に対して思っていたことをまとめました。

―― 簡単に説明していただけますか。

持永氏 たとえば，「第1条　何を足すかより，何をあきらめるか」は，トレードオフが大事ということです。いまはあれもこれもと欲張っている人が多い気がしますが，商品開発はあれもこれもと欲張ると商品にならないんですね。人生も同じです。「第3条　いまは何が一番か優先順位を考える」は，仕事でもプライベートでもいまの時間軸で重要度を考えて，順番にやっていけばいいという意味です。いまは，あれもこれもと欲張って煮詰まっている人が多いと思います。

―― よく，仕事か結婚かといわれますが，そうではなく「いまはこういうとき」と考えるということですね。

カシオ計算機

持永氏のライフ・ワークバランス10カ条

```
第1条　何を足すかより，何をあきらめるか
第2条　結果じゃなくてプロセスの方が重要
第3条　いまは何が一番か優先順位を考える
第4条　しないよりも経験すれば力になる
第5条　ありのままが一番，半歩前のめり
第6条　克服できない試練は与えられない
第7条　できると思わなければできない
第8条　時間を味方にして前向きに考える
第9条　誰かのためにがんばることは継続する
第10条　人は心で動く，人の気持ちを考える
```

持永氏　「第5条　ありのままが一番，半歩前のめり」には，自分の個性を大事に，無理をせず，でも少し前に進むことを考えてほしいという思いが入っています。「第8条　時間を味方にして前向きに考える」は，私自身へのマインドコントロールのようなものですね。つらいことがあったときは，この悪い状況がずっと続くわけではないので，くよくよしてもしょうがないとポジティブに考えるようにしています。

　「第9条　誰かのためにがんばることは継続する」は，目標は自分のためとすると「これでいいや」と思ってしまうので，親や子どもなど，自分以外の人のためと考えれば，くじけないし簡単にあきらめないということです。「第10条　人は心で動く，人の気持ちを考える」は，ずっと「商品企画は人の気持ちを理解すること」と言っていたので，まとめとして入れました。これは，マネジメントや子育ての手法ですね。常に人の気持ちを考えて行動すると，全体の生産性は上がります。人の気持ちを考えないで，「何でやってくれないんだ」と言っても始まりません。

　——　この10カ条は，仕事だけからは出てこない内容だと思います。

持永氏　そうですね。子育てなど，いろいろなことを経験したからこそ出

てきたものだと思います。子どもはすごくわがままですから，どうコントロールしていくかはマネジメントに近いものがあります。
——　私はよく，育児をしながら働いているワーキングマザーはいい管理職になると話すのですが，持永さんから聞くと説得力がありますね。
持永氏　子どもは本能で動いていますし，一人ひとり違います。子育てを経験すると，感情を抑えた大人が相手でも，「彼は本当はこう感じているんだな」というのがわかるんですね。子育ての経験は，マネジメントにすごく役立つと思います。

交流をとおしてイノベーションを起こす

——　飯野さんと寺島さんは，WGの活動を通じて会社に対する思いや気持ちは変わりましたか。
飯野氏　はじめのうちは，WGで活動をしていると言うと，男性社員から身構えられてしまうことがありました。でも，役員や管理職のなかにも女性にがんばってもらおうという発言が増えるなど，だんだん認められてきたので，やってよかったと思っています。
寺島氏　活動を通じて，がんばれば私たちでもやれると思うようになりました。つらいこともありましたが，すごくやりがいのある仕事でした。いま私はグループ会社にいますが，これからはグループも含めたカシオ全体の女性にがんばってもらいたいと思っています。そのためにも，2期のWG活動に協力していくことが大切だと感じています。
——　吉本さんは，これまで1年間活動をしてどうでしたか。
吉本氏　活動をしながら，2期メンバー同士でコミュニケーションがうまく取れていないとずっと感じていました。でも，セミナーの準備をみんなで進めていろいろ反省するなかで，結束力が強くなりました。いまはなんでも話し合える関係ができたと思っています。
——　持永さんが講演をされたセミナー（研修）のアンケートをみると，「男性にも聞いてほしい」という意見と，「女性同士で集まれてよかった」という意見の両

方があったようですね。

吉本氏　男性・女性関係なく聞いてほしいものと，女性同士だからこそ安心して情報が共有できるものがあると思います。セミナーの内容にもよるので，今後はうまく分けながら調整していきたいと思っています。

──　1期のメンバーは，いまはオブザーバーのような形でかかわられていますが，2期のメンバーについては，どう感じていますか。

飯野氏　引継ぎの会議が1回だけだったこともあり，私たちの思いを，どうやったら伝えられるんだろうと悩んでいたときもありました。でも，今回一緒にセミナーの準備をしたことで，伝わったのかなと思っています。

──　持永さんは，男性管理職についてはどう感じておられますか。

持永氏　同世代の男性と話していると，女性に無関心だったり認識の違いがあると感じることがあります。たとえば，「だれか女の子に言って」という言葉を聞くと，いいとか悪いとかではなく，同じ職場にいる女性をそういう感覚でみていることにびっくりします。まだ女性の管理職は少ないので，そのような感覚でもなんとかなっていますが，今後，活躍する女性が増えてくると，その人自身が生きていけなくなると思いますね。

──　これからの御社のダイバーシティについてはどう思われていますか。

持永氏　私は女性活躍促進の直接の担当ではありませんが，10年前，20年前には言えなかった女性の活用や男性の育児について言える時代になったので，私もできるかぎり協力していきたいです。皆さんには，男女関係なく，いろいろなことにチャレンジして社内にイノベーションを起こしてほしいと思っています。「あなたはこうですね」と決めてしまうと発展性がなくなるので，違う価値観や，育児や介護をしているなど違うプライベートをもっている人と，どんどん交流してほしいですね。

──　本日はどうもありがとうございました。

カシオ計算機のその後…

◇2012年９月，「育児・出産マニュアル」（上司・本人それぞれの対応を記載）を作成
◇2012年11月，メンター制度開始，ワークライフバランス交流会を開催
◇2013年10月，女性活躍促進ワーキンググループの活動を，人事部内のダイバーシティプロジェクトに引き継ぐ

飯野彩子さんのその後…

　私はいまも秘書室長をしています。取材当時は部長の指示に従い仕事をしていましたが，現在は秘書室のマネジメントを任されています。女性活躍促進ワーキンググループで副部長を務めた経験が，管理職としてチームづくりをするうえで大いに役に立っています。

　当初は女性社員で結成したワーキンググループが女性活躍推進の活動を主導していましたが，現在はその任を人事部へ引き継ぎ，2013年10月には，人事部内にダイバーシティプロジェクトが設置され，さらに大きな活動へと発展しました。女性活躍推進は転換期を迎え，いっそう，現場主義の重要性が高まっていると感じます。今後は，当社の状況を客観的に受け止めたうえで，いかに現場に歩み寄って問題の本質をとらえることができるかが課題だと思っています。

　私たちがワーキンググループのメンバーとして腐心していた2008年ごろと現在とでは社会環境が大きく異なり，"女性活躍"という言葉を新聞で見ない日はありません。私は，いつかこうなると信じていました。とはいえ，根強い固定観念により女性が活躍しづらい場面がまだまだ存在することも事実です。女性のしなやかさが社会に活かされ，個々の女性が放つ輝きで世の中を満たすその日まで，このムーブメントは絶やしてはならないと思います。

（いいの・あやこ）

寺島惠美子さんのその後…

　私はいま，コーポレートコミュニケーション統轄部宣伝部で展示会・イベントのプロモーション企画推進をしています。最近，社内のさまざまな打合わせで女性社員の参画を目にする機会が増え，私たちが取り組んできた女性活躍推進活動が社内に広まっていることを実感し，大変うれしく思います。

　ワーキンググループのメンバーになったときからずっと，この活動は女性社員だけではなく，男性社員，とくに男性管理職の方の正しい理解を得ることが重要であると思い，取り組んできました。今後も，イントラネットでのロールモデルの紹介や定期的なアンケート調査など，社員に見える活動を継続し，カシオの女性社員の多様な働き方を社内に発信し続けてもらえたらと思います。

　女性活躍推進の活動が始まって6年目になりましたが，「継続は力なり」で，当社の女性管理職の人数も毎年増えて，私たちワーキンググループが設立当時に立てた目標に一歩ずつ近づいています。女性・男性，年代関係なく「活き活きと働く社員がいる会社」が私の理想です。今後もさまざまな施策が事務局である人事部を中心に検討，企画，実施されていくことと思いますが，さらに活動を広げて推進していくことを期待しています。

（てらしま・えみこ）

カシオ計算機：会社概要
設　　立：1957（昭和32）年6月1日
事業内容：デジタルカメラ，時計，電子辞書，電子楽器，電卓，プロジェクター，オフィス・コンピュータなどの開発・販売
売 上 高：2,977億6,300万円（連結　2013年3月31日現在）
従業員数：11,276人（連結　2013年3月31日現在）
本　　社：東京都渋谷区本町1－6－2
ＵＲＬ：http://casio.jp/

東日本旅客鉄道

キーパーソン

代表取締役社長	人事部 課長 ダイバーシティ推進グループ リーダー	人事部 副課長 ダイバーシティ推進グループ	横浜支社 総務部人事課 課長 前ダイバーシティ推進グループ リーダー
冨田 哲郎 氏	松澤 一美 氏	柴田 晴美 氏	中川 晴美 氏

　東日本旅客鉄道㈱（以下，JR東日本）では，2007年に人事部内にダイバーシティ推進の専任部署を発足し，女性活躍推進をはじめとしたダイバーシティの推進に取り組んでいます。取材では，キーパーソンの冨田哲郎社長と，ダイバーシティ推進グループリーダーの松澤一美さん，柴田晴美さん，前リーダーの中川晴美さんにお話をうかがいました。

　男性ばかりだった会社に民営化とともに入社してきた女性たちは，苦労もたくさんあったと思います。でもいま，管理職として活躍している彼女たちにそんな気負いは感じられません。自分の子どものために，また会社での子どもにあたる次の世代の人たちのためにがんばる。これこそ働く女性のロールモデルです。男性も女性もそう思いながら働ければ，ダイバーシティ推進のスピードは加速します。　　　（取材日：2012年6月26日）

JR東日本になり女性が入社して会社は変わった

—— 冨田社長は，2012年の4月に社長に就任されました。入社以来，どのようなお仕事をされてきたのですか。

冨田社長 子どものころから鉄道が好きだったこともありますが，少しでも世の中に貢献できる仕事に就きたいと思い，1974年に当時の日本国有鉄道（国鉄）に入りました。その後，1987年に国鉄は分割民営化されて今日のJRが誕生したのですが，私はJR東日本に採用され，経営企画や人事部門に長く携わってきました。このほか，事業創造本部で鉄道以外の事業を推進したり，ITビジネス部（現在のIT・Suica事業本部の前身）で，まだ導入されたばかりのSuica電子マネーの利用拡大に関する仕事もしてきました。

—— 国鉄時代は男性ばかりだったと思いますが，JR東日本に変わってどうなりましたか。

冨田社長 当社が発足した直後の女性社員数は約680人で，率としては0.8％。それもほとんどがJR病院に勤める看護師でした。1989年に本格的に総合職の採用を再開させて，女性総合職も入ってくるようになりましたが，職場はまさに男ばかりという状態で，当時入社してきた女性たちを，「勇気がある」と言っている人もいましたね。中川さんと松澤さんは少し後の入社になりますが，2人は私が本社の人事課長だったときの部下で，一緒に仕事をしていたこともあります。彼女たちがおくせずいろいろと発言をしてくれたおかげで，随分会社は変わったと思います。

更衣室を作るところから始まった

—— 中川さんは，2012年6月までダイバーシティ推進グループ（以下，グループ）のリーダーとして活動してこられました。入社されてからのお仕事についてお聞かせください。

JR東日本のダイバーシティの取組み

2007年10月　人事部内に男女共同参画グループが発足
2009年7月　推進施策「ワーク・ライフ・プログラム」スタート
2010年2月　事業所内保育所第1号開設（現在4カ所）
　　　4月　育児・介護勤務（短時間・短日数勤務）等の導入
2011年3月　第1回目の育児休職者セミナーを実施
　　　12月　女性管理者（助役・副課長）約100人を対象としたフォーラムの実施
2012年3月　本社ファミリーデーを開催
　　　6月　ダイバーシティ推進グループに改称

女性社員比率：約4,710人（8％）（2012年4月1日現在）
女性管理者数：約280人（2012年4月1日現在）

◆ダイバーシティのビジョン

多様な人材がその能力を最大限に発揮し，仕事上の責任を果たすとともに，やりがいや充実感を感じながらいきいきと働くことのできる企業をめざす。

中川氏　私は1991年，JR発足後3期目の事務系総合職として入社しました。国鉄時代はまったくの男性社会で，それまで駅などで働く女性はいなかったので，JRになって女性の採用を開始し，会社はまず女性用更衣室などを作るところから始めました。私は現場実習で渋谷駅に配属されましたが，古い駅裏で，唯一，真新しいピンクの女子更衣室だけが，ぴかぴかだったのを覚えています（笑）。入社3年目に，2年半ほど本社人事部で採用の仕事をし，その後は東京支社で販売企画の仕事をしていました。そして，1998年に長女が生まれて，1年間育児休業を取得した後に，職場に復帰しました。当時は，周りに子どもを育てながら仕事を続けている人がほとんどいなかったので，「仕事との両立は難しいかもしれない」と思いながらも，とにかくできるところまでがんばろうと思って続けてきました。いま振り

返ると，そのころが一番大変でしたが，上司や同僚の助けがあって乗り越えることができたと感謝しています。

その後，2003年に次女が生まれて，2年間の育児休業を取得して復職した後，2007年にいまのグループ（2012年改称）の前身となる，男女共同参画グループが人事部内に立ち上がることになり，リーダーとして人事部に異動しました。それから5年間，男女共同参画の仕事に携わってきて，今年の6月に横浜支社に異動になりました。現在は人事課長として支社内の人事関係業務全般を担当しています。当社で女性が支社の人事課長になるのは初めてということもあり，プレッシャーもありますが，大変なやりがいも感じています。

―― 中川さんが異動になり，6月からは松澤さんがグループのリーダーになられました。松澤さんは，これまでどのようなお仕事をされてきたのですか。

松澤氏 私も1991年入社で，中川さんとは同期です。現場実習先は千葉でしたが，初めての女性社員配属で，バックヤードに女性トイレがなく，男性トイレを周りを気にしながら使っていました。女性は少なかったのでどこにいってもかわいがられましたが，どうやって受け入れたらよいのかわからないという雰囲気もありましたね。その後，女性社員の企画でできた新宿駅のストッキング専門店の店長や，本社人事部で社員の需給などの要員管理や，女性の職域拡大業務を担当しました。その後は，派遣会社の立上げや鉄道博物館の開業など，常に目の前の新しい課題に取り組んできました。

そのころは，とくに女性の働き方を考えながら仕事をしていたわけではありませんでした。でも，2007年に鉄道博物館の立上げに携わったときに，館長から「人には役割がある。それを果たすことが大事」と諭され，そのときに「役割や仕事の意味」に気づかされました。そして2008年に「駅型保育園（沿線保育園）」事業の担当になり，「ここがあったから仕事が続けられた」と利用者から感謝されて，仕事と子育ての両立を応援しようと思うようになり，保育園事業を意欲的に進めていきました。

―― 推進グループのリーダーになるようにいわれたときは，どんなお気持ちでしたか。

東日本旅客鉄道

▶左から順に中川氏，柴田氏，冨田社長，松澤氏

松澤氏 突然の異動だったので，正直驚きました。これまでは新規事業の立上げが多く，今回のように，だれかの仕事を引き継ぐのは初めてでもあり，重責を感じています。でも，中川さんが作り上げてきた成果を引き継ぎ，これまで外向けに使ってきた力を今度は内に向けて，社内にダイバーシティを定着させていきたいです。それが，与えられた役割を果たすことだと思っています。

—— 中川さんから松澤さんにバトンが渡って，柴田さんは，これからは松澤さんと活動していくことになります。ご自身のお仕事を振り返ってどうですか。

柴田氏 私は1994年に入社して，水戸支社で現場実習をしました。びゅうプラザで旅行業の仕事をしているうちに，もっと鉄道の現場に携わる仕事をしてみたいと思い，希望を出して，東北新幹線に乗務しました。その後，仙台支社の人事課で採用や，当時はまだ少なかった女性の活躍推進を担当しました。

1998年に，東日本鉄道文化財団へ出向し，アジア諸国の鉄道会社から社

員を招へいし，JR東日本で研修をする事業を担当したり，2001年からは本社人事部やグループ会社へ出向して研修を担当していました。2008年に子どもが生まれて，育児休業を1年3カ月取得した後，2010年に復帰して，グループ配属になりました。グループでは，中川さんと，もう1人の女性も育児を経験されていたので，職場環境的にも復帰しやすく，安心して仕事を続けることができました。

── 復職して，会社の雰囲気は変わったと感じましたか。

柴田氏 女性の部長が誕生したり，今度中川さんが女性初の支社の人事課長になるなど，最近，指導的な立場の女性が増えてきたことは大きな変化だと思っていて，会社は性別に関係なく，きちんと一人ひとりをみてくれていると感じます。先輩方をみて，私もがんばらなければと励みになります。

後輩への道を拓くことが恩返しになる

── 中川さん，グループではこれまでどのような活動をされてきたのですか。

中川氏 両立支援制度の拡充や，24時間保育日も設定されている事業所内保育所の設置など，子育てをしながら働きやすい環境を整えてきました。また，男性・女性ともにワーク・ライフ・バランスを充実させるためのフォーラムを開催するなど，職場風土改革に向けたさまざまな取組みも行ってきました。

── ダイバーシティのお仕事をしてきて，いかがですか。

中川氏 私は，1人でも多くの後輩たちが育児や介護をしながらでも仕事を続けられる環境を整えていくことが，これまで自分がお世話になった人たちへの恩返しになると思ってやってきました。鉄道の現場は，土日も関係なく，宿泊を伴う不規則なシフト制勤務なので，短時間勤務などを取り入れるには多くの困難を伴いましたが，2010年に育児・介護勤務（短時間・短日数勤務）を導入しました。これにより両立の選択肢がさらに広がり，現在では150人近い社員が利用し，仕事と育児や介護を両立しています。反面，人の意識を変えるのはすごく難しいとも思いました。一生懸命話を

すると理解はしてくれるのですが，意識や行動を変えるまではなかなかいきません。そこが力不足だったという反省があります。
── 柴田さんはどうですか。
柴田氏 ダイバーシティの仕事は，トライ&エラーを繰り返しながら，当社に根付く方法を日々探しているという感じでしょうか。啓発の仕事ですので，常に新しい切り口で社員に働きかけないと忘れられてしまいます。でも，イベントばかりしているとイベントそのものが目的化したように誤解されることもあり，多くの人を取り込んでいくことはなかなか大変だと感じています。でも，この仕事は皆から反応があり，会社の変化を実感できるので，やりがいがあります。これからもっと多くの人に賛同してもらって行動してもらえるように新たな知恵を絞っていかないといけませんが，いろいろと冒険もできるので面白い仕事だと思います。

男女が協力して相乗効果を生んでいく

── 冨田社長は，自社のダイバーシティの取組みについてどう思われていますか。
冨田社長 ダイバーシティについて自分なりに考えてみると，基本は男女の違いにかかわらず，あらゆる人の能力をどうやって活かすかということだと思っています。その意味では，鉄道はダイバーシティそのものなんですね。鉄道は運転士，車掌，本社や駅で働く人，保線業務や信号管理を行う人など，女性も含めた現場のさまざまな社員の総力で動いています。一人ひとりの力をどれだけ結集できるかということが，組織の力になってきます。
── いろいろな人がいきいき働いていてこそのダイバーシティということですね。
冨田社長 そうです。そして，新しい考え方や価値観が入ってくると，それが企業を変える原動力になります。わが社は女性が入社してきて，随分変わりました。松澤さんは入社後，ストッキングの販売をしていましたが，国鉄時代には，駅でストッキングを売るなんて考えられませんでした。ところが，開店してみると大変好評で，世の中の半分は女性であるというあ

たり前のことを，そのときに教えてもらいました。

　また，ITビジネス部でSuica電子マネーを使っていただけるお店を検討するときも，男性と女性が考える店のイメージはまったく違っていました。男性はキオスクとか駅中のそば店をあげましたが，女性は化粧品店や薬局をあげるんです。女性はコミュニケーション能力が高く，自分の考えや想いを伝えるのが上手ですから交渉力もあります。駅ナカビジネスが成功したのも，こうした女性の力があったからだと思っています。

―― 社員全体についてはどうみられていますか。

冨田社長　わが社の社員はまじめで責任感も強いのですが，大きな組織なので，会社のなかですべてが足りてしまうため，自分の考えを外に発信したり，外の考えを積極的に取り入れようとしない，内向きな傾向があります。当社は，ここ数年，1,700人を超える新規採用をしているのですが，今年はそのうちの約600人が社会人採用（中途採用者）でした。彼らは，他社での経験を活かして当社に新しい考え方を入れてくれています。

　また，2005年から採用者数に占める女性の割合を20％にするという数値目標を設定し，これを毎年達成しています。内向きな体質を打破するためにも，女性や他の会社で働いていた人，外国人など，今後ますます多様な人材に入社してもらって，その人たちの力を活かしていけるような経営をしていきたいと思っています。人生のかなりの時間は仕事に費やされるので，自身が成長して，充実した職業人生だったと思ってもらえるようにするのが，経営者の役割だとも思っています。

―― 男性管理職の意識については，どう思われていますか。奥さまが専業主婦の方も多いと思うので，働く女性のことを理解できない人もいるのではないでしょうか。

冨田社長　女性が入社してきた最初のころは，管理職に戸惑いがあったと思います。どうしたらよいのかわからないから冷たく対応してしまったり，逆に甘くしすぎてしまうこともありました。でも，だんだん変わってきたと思います。いまは，中川さんや松澤さんなど先駆的な役割を果たしてきた女性が管理職になっていますし，本社・支社には女性の部長もいます。それでもまだ戸惑っている人もいると思いますが，会社全体としてみれば

女性の位置づけ，働き方は定着してきていると感じています。

—— 働いているうちに，だんだん変わってきたんですね。

冨田社長 一緒に働いてみて，男性とは違う女性の能力に気づいたということです。男性が優れている部分ももちろんあるので，男性と女性が力を合わせると1＋1が2ではなくて4とか5になるなど，相乗効果が出るということがよくわかってきたんですね。

社員が能力を最大限発揮できる会社に

—— 中川さんたちは，いま，社内のダイバーシティについてどう感じられていますか。

中川氏 私は，子育てをしながら働き続けることにずっと迷いがありました。母親が働くことで子どもにさみしい思いをさせているという負い目があったのですが，ダイバーシティの担当者になって女性が働き続ける意味を考えるようになり，意識がガラッと変わりました。いまは，母親が働き続けることで子どもにプラスになることは，間違いなくあると思っています。

娘たちが大きくなるころは，いま以上に女性が働くことは当然になっているでしょう。私は，働く先輩として娘たちにアドバイスしたり，人生プランの描き方を伝えることができます。逆に，子育て経験は私自身の成長にもつながっています。働くことへの意識が変化したこの仕事は，私にとっての転換期でもありました。

—— 娘さんたちはお母さんをどうみていますか。

中川氏 すごく応援してくれています。昔は会社に行こうとすると泣いてすがっていましたが，いまは大きくなって，お母さんがいつも家にいるより仕事でがんばってくれたほうがうれしいと言ってくれます。

—— それはうれしいですね。柴田さんはどうですか。

柴田氏 国鉄時代は男性しかいなかったこともあり，逆に社内には「お茶出しは女性」というような，男女の役割分担意識はあまりありません。ただ，ダイバーシティについては，女性の活躍推進であったり，仕事と育児

の両立支援が最終目的だと思っている社員も少なからずいますので，この点を改めていかなければいけないと思っています。今回のように，社長のダイバーシティにかける想いも含め，すべての社員に正しく伝えていくためにも，私たちがもっと発信力を高めていかなければと思っています。

── 松澤さんは，これからダイバーシティを担当していくにあたって，いまどのように考えていますか。

松澤氏 ダイバーシティの本質を理解してもらうのは，まだまだこれからだと思っています。また，わが社は鉄道会社なので，本に書いてあったり他の企業で行われているようなダイバーシティは，そのままでは合わないかもしれません。社長は「鉄道は1人では走らない。ダイバーシティは鉄道そのものだ」と言われましたが，社員が多様であるだけでなく，その力を結集させていくことが，わが社のダイバーシティがめざすところなのかなと思っています。これから，独自のユニークな活動をやっていきたいです。

そして，中川さんは恩返しをしたいと言っていましたが，私は会社から多くのチャンスをもらってきたこともあり，これからは後輩への「恩送り」で会社に貢献したいと思っています。

── いまは女性の駅長さんも出てきていますね。

冨田社長 2012年の7月1日で5人になります。女性の駅長は，男性社会だったなかに女性の視点を入れてくれているので，地域の皆さまからも「JRは変わった」「JRを見直した」との声をいただきます。これまで，事故が起きたときや輸送が混乱したときに「女性の駅長で大丈夫か」と不安視する声も一部にありましたが，逆に女性のほうがきちっと説明してくれるという声もあります。いまや山手線の車掌の4割が女性ですが，しっかりと職責を果たしてくれています。安全・安定輸送に関するそういう心配は杞憂だったと受け止めています。

── 巷では男性が弱くなったとも言われていますが…。

冨田社長 昔から女性のほうがしっかりしていますよね（笑）。自分を含めて男性は目的意識をもって学生生活を送ったり，人生を突き詰めて考える習慣が少ないと思います。後でいろいろ修正できると思っているんです

ね。女性は結婚してもずっと仕事ができるか，あの会社で活躍できるかなどをしっかり考えていると思います。

―― 御社では女性の活躍の場が着実に広がっていて，これからが楽しみですね。

冨田社長 男性ばかりの時代に入社してきた女性たちは，ここまで本当に大変だったと思います。でも，みんなしなやかで粘り強く，先駆的な役割を果たしてくれました。彼女たちの活躍もあって，いまでは，会社での女性の位置づけもはっきりしてきましたし，男性と一緒になって会社の中枢部門で活躍している女性がたくさんいます。これからは，男性や会社をリードしていくんだという気概と自信をもって仕事をしてもらいたいです。先輩のそういう姿をみることは，若い女性社員，現場で働く女性たちの励みにもなります。いまは一般職の女性のなかからも管理者になる人が出てきていて，駅長や助役として活躍しています。これは本当にうれしいことですね。

　私はいつも，わが社は社員のもっている能力の３分の１か４分の１しか活かせていないのではないかと言っていますが，社員全員が能力を最大限発揮できるようになったときが，ダイバーシティが定着したときだと思います。本当の意味でダイバーシティの考え方がわが社に定着するには，越えなければならない山がまだたくさんありますが，社員たちは間違いなくやってくれると信じています。期待しています。

―― 本日はどうもありがとうございました。

JR東日本に取材したときは，ちょうどダイバーシティ推進グループリーダーが中川晴美さんから松澤一美さんに替わるときでした。あれから約1年半。女性活躍推進，ダイバーシティ推進はその後どうなっているのか。松澤一美さん，中川晴美さんに聞きました。　　（取材日：2013年10月4日）

▶▶▶ JR東日本のその後…

・ネットワーク活動の活性化（全支社・職種別）
・2012年度以降に両立支援セミナー（育児編）を全支社で実施
・2013年4月，社内ポータルサイト「男女共同参画ポータル」を「ダイバーシティ・コミュ」にリニューアル（双方向コミュニケーションを導入）

▶▶▶ 松澤一美さんのその後…

　2013年4月，JR東日本の女性活躍，ダイバーシティ推進は新たなステージに向けて大きな変化を遂げた。ダイバーシティ推進グループは，これまでは，主に人事部内の1グループとして女性活躍推進やワーク・ライフ・バランスなどの制度・施策の推進役を担ってきた。しかし，制度設計などを行うグループは別だったため，実際に制度化するときには人事部内において再度調整を行う必要があった。それを今後は，女性活躍だけでなく，社員全員の活躍をめざし，より総合的・機動的に取り組んでいくために，採用・制度企画・ダイバーシティを推進するグループに統合したのだ。
　松澤一美さんは，いま，11人に増えた新しい仲間とともにダイバーシティ推進に取り組んでいる。「制度の立案から設計・実施までを同じ部署でできるようになったので，これまでよりスムーズに取り組めるようになりました。また，大人数で進めることで，これまでとは違った視点で活動を考えられるようにもなりました」と話す。
　たとえば，労働時間削減に取り組むとき，これまではどれくらい労働時間が減ったか，どの部署の残業が多いかという視点でとらえていたが，そこにダイバーシティの考え方が入ると，「そもそも，どうして労働時間を削減する必要があるのか」というところにまで踏み込んで議論するように

なり，取組みの意義やゴールが明確になってきたという。

この組織改編は会社としても大きな決断だったが，その1つのきっかけとなったのは，外部アワードを受賞したことである。この賞を受賞したことで，外からみた自社の立ち位置がわかり，また，これまでの取組みや成果を振り返ることができ，5年後，10年後を見据えた方向性がみえてきた。「これまでは主に女性を対象に取り組んできましたが，実力のある女性が活躍するには，同僚である男性とのチームワークが不可欠です。そこで，思い切った組織改編を行い，男性・女性関係なく全社員に向けた取組みに広げていくことにしました」と松澤さんは語る。

▶▶▶中川晴美さんのその後…

中川晴美さんは，いまも横浜支社の人事課長として，横浜支社に所属する従業員約5,500人の人事・労務全般を担当している。いまはダイバーシティの専任担当ではないが，ダイバーシティ推進の重要性について，研修などのさまざまな機会を通じて，新入社員から管理職まで，支社内の幅広い層の社員に対して繰り返し話をすることにより，引続き風土づくりに努めているという。また，支社社員の約1割を占める女性社員の活躍の場の拡大に向けて，たとえば社員一人ひとりのこれからのキャリア形成を踏まえた人事異動の検討や，さまざまなインプットによる成長機会の提供など，人事課長としての立場で，いま自分に何ができるかを考えながら日々取り組んでいるそうだ。

2012年10月に発表された「グループ経営構想Ⅴ」では，「無限の可能性の追求」の項目のなかで，ダイバーシティの推進を掲げている。中川さんは，「自分が本社で専任として推進に取り組んでいたころは，支社や現場などで働く6万人もの社員すべてに，ダイバーシティの重要性を理解してもらい，その考えを浸透させるのは非常に困難であると感じていました。しかし，いまは支社にいても，ダイバーシティ推進への会社の強い思いがしっかりと伝わってきます。松澤さんがリーダーとなってからはますますパワーアップし，会社全体がダイバーシティ活用に向けて確実に前進していると実感していて，とりわけ，女性の活躍に対する会社の期待は以前に

もまして大きくなっていると感じます。横浜支社でも、まだまだやるべきことはたくさんありますが、男性も女性も社員一人ひとりがイキイキと活躍できるよう、今後も一歩一歩取り組んでいきたいと思います」と話す。

横浜支社では、人事課長の中川さんをはじめ、女性の部長や駅長も活躍しており、女性活用推進の面では社内の先進的な支社だ。「これも、中川さんが女性活躍やダイバーシティに対して熱い思いを持って取り組んでいるからこそ。これからも中川さん自身がロールモデルとなって後輩女性たちを励ましてほしい」と松澤さんは言う。現場の社員と直接関わる機会の多い中川さんたち支社の人事の果たす役割は大きいという。

▶▶▶現在の取組みについて

ダイバーシティ推進グループでは、不規則な勤務体系で働く社員への両立支援とダイバーシティ推進のため、2009年から「ワーク・ライフ・プログラム」に取り組んできた。これまでに、育児休職期間の延長（子が3歳まで延長）や「看護休暇」の対象の拡大（小学校3年まで）、月5日まで取得できる「養育休暇」の導入などを行っている。また、推進については、12ある支社ごとにそのバックボーン、特徴を活かしながら「ワラプロネットワーク活動」に取り組んでいる。推進メンバーも、横浜支社では管理職が中心となって活動を進めているが、他の支社では有志社員が集まって活動をまとめたり、モデル職場を選んで取り組んだりするなど、それぞれに合った方法で活動を広げている。

そして、「ワーク・ライフ・プログラム」や「ワラプロネットワーク活動」の更なる活性化を図るため、2013年4月、社内コミュニティサイト「男女共同参画ポータル」を「ダイバーシティ・コミュ」としてリニューアルした。

「男女共同参画ポータル」は、事務局から制度案内やロールモデルの紹介などを行う一方通行の情報伝達ツールだったが、「ダイバーシティ・コミュ」では、横への展開を期待して、双方向コミュニケーションを採用した。いまは、サイトに紹介された各支社・部署の活動内容に対して、他部署のワラプロメンバーや社員がコメントしたり、よいと思った活動内容を

自分の職場でも取り入れたりするなど，活発な情報共有や交流が行われている。

このような社員が主体となる活動は初めての試みだったため，最初は投稿してくれるか不安だったと松澤さんは言う。しかし，いざ始めてみると，ライブ感たっぷりに自分たちの取組みをいろいろ紹介してくれ，「こんなやり方もあるんだ」「こんなにがんばっている人がいるんだ」と感心することも多いそうだ。「ダイバーシティやワーク・ライフ・バランスの取組みは，各自が納得・理解した後に，それを自分の言葉や行動で周りに伝えられるようにならないと広がらないと思います。そのためにも，ダイバーシティ・コミュを利用して，インプット・アウトプットのサイクルと活動のPDCAを回していくことが大事だと考えています」と松澤さんは話す。

▶▶▶これからについて

2013年度はあえて女性を全面に出さず，性別に関係なく"働きがい"をテーマに活動を行ってきた。次年度以降については，また違った観点で女性が活躍できる会社や組織とはどういうものなのかを考えていきたいという。

今後の課題としては，トップランナーの活躍だけでなく，30代の活躍の姿の描き方，ロールモデルの多様化がある。女性はどうしても男性に比べてライフイベントの影響を受けやすいが，必要なときにしっかり活躍してもらうためには，いまから先を見据えて経験を積んでもらい，次のステップをめざせる体制を整えていかなければならない。その面でも，これからは本社よりも支社機関がダイバーシティ推進の大きな役割を担うことになる。

また推進方法についても，これまではダイバーシティ推進グループが全社の指揮を執り，支社がそれを実行する形が主だったが，これからは任せられる部分は各支社・各部署に任せていきたいという。現に，これまでは本社が関わっていた支社での両立支援セミナーも，2013年度は支社主体で実施してもらい独自性の発揮をうながすなど，少しずつ変えてきている。セミナーのゲストスピーカーも，本社のトップランナーではなく支社で活

躍している女性にしたところ，身近なロールモデルとして参加者から共感が得られるなど，効果は大きかったそうだ。

　現在，JR東日本の女性管理職比率は約3％と，日本の民間企業と比べても低い（厚生労働省「2011年度雇用均等基本調査」の民間企業の女性管理職比率（役員を含む課長相当職以上）は6.8％）。しかし，ここであきらめるのではなく，上げるためにはどうすればいいか自社の状況をみながら考えていきたいという。松澤さんは，「人事部は社員に奉仕する部署ですから，本人の問題として終わらせるのではなく，私たちに何ができるかを考えながら進めていきたい」と話す。

　2012年6月の取材時に，冨田哲郎社長は「鉄道はダイバーシティそのもの」と語った。その言葉のとおり，社員一人ひとりが個性を活かし能力を発揮できる職場にするため，「女性のための取組みは，将来的には男性のためにもなる」ことを丁寧に伝えながら活動を続けていく予定だ。女性から社員全員への支援へ，そして，だれもが活躍することをめざす取組みへと，JR東日本の女性活躍推進，ダイバーシティ推進は着実に広がっている。

東日本旅客鉄道：会社概要
設　　　立：1987年4月1日
事業内容：(JR東日本グループ) 運輸業, 駅スペース活用事業,
　　　　　ショッピング・オフィス事業など
売　上　高：連結　2兆6,718億円（2012年度）
従業員数：単体　59,370人（2013年4月1日現在）
本　　　社：東京都渋谷区代々木二丁目2番2号
Ｕ　Ｒ　Ｌ：http://www.jreast.co.jp/

QUICK

キーパーソン

代表取締役社長
鎌田 真一 氏

カスタマーサポート
本部長
伊藤 朋子 氏

カスタマーサポート本部
お客さまサービスセンター長
末本 栄美子 氏

　日本経済新聞社のグループ会社で金融情報サービスなどを提供する㈱QUICKには，女性活躍推進やダイバーシティを担当する部署やプロジェクトはありません。それでも，男性・女性関係なく実力重視で採用を行うなど，女性の活躍を後押しする風土があります。取材ではキーパーソンの鎌田真一社長と伊藤朋子さん，末本栄美子さんにお話をうかがいました。

　鎌田社長は，新入社員に女性の比率が多くなっても「実力で評価した結果だから，それでよい」と言います。伊藤さんは，ワーキングマザーとしてがんばりながら，いまのキャリアを築き，女性たちのロールモデルとなっています。末本さんは，「女性上司というより，伊藤の下で働けてうれしい」と言っていますが，これこそすべての男性・女性管理職にめざしてほしい姿です。

（取材日：2012年7月1日）

海外の女性活用に比べ日本の会社は遅れている

―― QUICKさんは，日本経済新聞社（以下，日経）グループの金融情報サービス会社ですが，最近，女性社員や女性管理職の数が増えているそうですね。そのことをおうかがいする前に，まず鎌田社長がこれまでされてきたお仕事についてお聞かせください。

鎌田社長　私はジャーナリストになりたくて，1971年に日経に入社し，2007年に当社に移りました。日経では約30年間，新聞記者をして，その後は，展覧会やオペラの誘致などを行う文化事業や広告の仕事に携わりました。新聞記者の世界は男社会で，女性は1割ぐらいしかいなかったのですが，文化事業局は半分以上が女性だったので，男性記者中心の編集局とはまったく違う世界でした。文化事業局では展覧会などを行うために，美術館や作品の収集家などと交渉をするのですが，当時の日本では相手側のほとんどは，この世界では百戦錬磨の男性たちです。しかし，彼女たちは堂々と渡り合って仕事をしていました。展覧会を開催するために，夜中に絵画や仏像，陶器などを美術品専用のトラックで運ぶのですが，運転手の隣に座って，一晩中，長距離輸送に付き合うというハードなこともやっていて，本当に驚きました。

―― 女性も，男性と同じ仕事をしていたのですね。

鎌田社長　そうです。働き方をみていてすごいと思いましたね。また，1980年代には新聞記者として海外に赴任していたのですが，当時の日本では新聞記者のほとんどは男性でしたが，欧米では半分は女性でした。たとえば，履歴書に性別は書きません。男性・女性ということは関係なくて，仕事ができるかどうかで人を判断していたからです。文化事業局のときは海外の美術館やコレクターとの交渉も多かったのですが，先方は管理職を含めて7割以上が女性でした。そう考えると，逆に日本はおかしいと思いました。

―― 2008年にQUICKの社長になられたときの，女性の活用の状況はどうでしたか。

QUICKの女性管理職数・女性社員比率の推移（2012年取材時）

(単位：人)

	2005年	2006年	2007年	2008年	2009年	2010年	2011年	2012年
男性管理職数	49	57	54	58	61	64	69	70
女性管理職数（管理職に占める女性管理職の比率%）	3 (5.8)	3 (5.0)	5 (8.5)	6 (9.4)	6 (9.0)	6 (8.6)	7 (9.2)	11 (13.6)
全社員に占める女性比率(%)	19.5	19.7	20.7	21.2	20.9	20.8	21.1	21.3

※ここでいう管理職は部長以上を指す。

鎌田社長 私が社長になったとき，役員に女性は1人もいませんでした。23人いる経営会議のメンバーのなかにも，女性は1人だけだったので，「あれ？」と思いましたね。日経では，2011年に初の女性役員が誕生しましたが，彼女は文化事業担当です。それでも，まだ多数の男性のなかに女性が1人だけなので，おかしな風景ですよね。

女性は仕事をして，家庭のこともやって，そのうえ子どもを育ててと，1人で何役もやらなければいけないので，男性と同じに扱うと不利になる，逆に意識的に少し引き上げていくようにしないといけないと思っていました。むしろ会社だけじゃない世界をもっている女性のほうがユニークな視点をもち，優先順位をつけ効率性を意識した仕事をしている，ともいえます。

育児休業取得前に課長に昇進

―― ところで，御社の女性社員のロールモデルといわれている伊藤さんは，2011年に2人目の女性本部長になられましたね。伊藤さん，これまでされてきたお仕事について聞かせていただけますか。

伊藤氏 私が入社した当時は男女雇用機会均等法ができる前で，4大卒の女性の募集は大変少ない就職氷河期でした。そのなかで，当社は男女同数を採用し，優秀な先輩女性もたくさんいて，前向きで活発な風土がありました。入社後は，ネットワーク部や秘書室で仕事をして，1992年に秘書室

課長になったのですが，そのとき私は育児休業を取得する予定だったんです。女性の昇進が男性より遅れていた時代に，同期の男性と同時に課長に昇進し，そして「出産後は戻ってよし」というメッセージをもらったことはうれしいサプライズでした。

—— 当時ではすごいことですね。

伊藤氏 経営陣の意識が進んでいたのだと思います。私が20代のときの人事担当副社長は，「個人として女性の幸せは結婚だと思うけど，ずっと勤めるのであれば応援するよ」と言ってくれました。そんな周りの手助けもあって，私は育児休業取得後も会社に復帰していままでやってきましたが，残念ながら辞めてしまった女性も多くいます。子育てをしながら働いていた後輩の女性は，子どもの発熱で急に休むことが重なり，周囲への気疲れから「もうがんばれません」と言って辞めてしまいました。

—— それは残念でしたね。

伊藤氏 はい。そのようなこともあって，「女性が働き続けられる職場にするにはどうすればいいんだろう」と考えるようになりました。その後，2005年に当社で初めてできた教育・研修部門の部長として総務本部に異動になりました。ゼロからのスタートだったので，最初は何から始めたらいいのかまったくわからず悩みましたが，研修会社や社員の声を聞きながら，管理職や中堅・若手を対象とした研修などを新たに企画し，開催しました。

—— 御社にはダイバーシティ推進部やグループなどはありません。そのようななかで，社内の女性に対しては，どのような活動をされてこられたのですか。

伊藤氏 女性活躍を推進する部署はないので，みんなで考えながらできるところからやってきたという感じです。2010年には，社内の子育てをしている女性たちに声をかけて，ランチを食べながらざっくばらんに意見交換を行う「ママの会」を数回開催しました。そこで出た意見をまとめて人事部長に提出したところ，同年に育児休業規程を改定するときに参考意見として取り上げてもらいました。いまではママさん社員が35人（育休中含む：2012年7月現在）になり横のネットワークもできています。

—— そして，いまは本部長として活躍されていますね。

▶左から順に植田氏，鎌田社長，伊藤氏，末本氏

伊藤氏 2011年に，当社サービスに関するヘルプデスクや技術サポート部を抱え，障害対応の取りまとめを行うカスタマーサポート本部長になりました。本部長という立場は重責なので，仕事の悩みや迷いもいろいろありますが，それだけにやりがいもあります。

── 一方，末本さんはいま，伊藤さんの部下として一緒にお仕事をされていますが，これまでの経歴をお聞かせいただけますか。

末本氏 私は，大学卒業後に民間のシンクタンクで働いた後，総合職・一般職の差がなく男女平等だというところに引かれて当社に中途入社しました。入社後は，シンクタンクでの経験を活かして，調査部門で証券金融業界の分析をしたり，情報本部でデータを作成，指数を開発する仕事をしてきました。その後，2010年にカスタマーサポート本部お客さまサービスセンターの次長になりましたが，中途入社の私が次長になったということで，社内では大変驚かれました。そして，2012年3月からは部長職であるお客さまサービスセンター長になり，伊藤の下で仕事をしています。

── 末本さんをセンター長に推薦したのは，伊藤さんだとお聞きしましたが…。

伊藤氏 カスタマーサポート本部に異動する前から，末本のことは知っていました。実際に一緒に仕事をしてみて，自分の意見をしっかりもっていますし，柔軟な対応もできるので，彼女ならお客さまサービスセンターをきちんとマネジメントしてくれるのではないかと思い推薦しました。末本はセンター長になってまだ7カ月ですが，サービスセンターの改善など，期待どおりに業務を遂行してくれています。

実力で採用したら新卒社員の6割が女性に

――　御社は最近，男性よりも女性を多く採用されているそうですね。

鎌田社長　当社は「今年は女性が○人で○％」ということは考えないで，あくまでも実力本位で採用しています。採用担当者にそのように伝えたところ，男性・女性にとらわれないで自由に採用するようになり，気がついたら新入社員の6割が女性になっていました。でも，それは実力を評価した結果ですから，それでよいと思います。女性管理職も増えてきていますが，それでも経営会議のメンバーのうち女性は，伊藤を入れて2人だけです。伊藤ともう1人の女性はよくやってくれていますが，会社の事実上の意思決定の場である経営会議のメンバーの3割が女性になるくらいでないとバランスが取れませんし，女性を登用する本当の意味が出てこないと思います。

――　女性社員や女性管理職の仕事ぶりをみて，どう思われていますか。

鎌田社長　芯の強い女性が増えていますね。逆に芯のない男性が増えているような気もします。それが，結果として採用時の男性と女性の比率に現れているんでしょうね。たとえば，お客さまへの対応をみても，男性社員は反論されるのを恐れて，「お客さまが言っているからそれでいい」としてしまうことがありますが，女性は表現の仕方を考えながら，「私はこちらのほうがよいと思います」と，お客さまのことを思ってはっきりと筋道を立てて応対します。お客さまは最初は反論されるようですが，長い目で見ればそちらのほうが正しいことが多いので，だんだん信頼いただけるよ

うになり，そのうちに「あの女性でないとだめ」と言われるようになるそうです。

―― 男性に言われるのと女性に言われるのとでは，感じ方が違うということもあるのかもしれませんね。

鎌田社長 それもあるでしょうね。男性だとお客さまが怒って席を立ってしまうような場面でも，女性ですとワンクッションおいて考え直してくれることもあるようです。

―― では，男性管理職の方々についてはどう感じていますか。

鎌田社長 まだ女性というだけで構えてしまう男性が多いように思います。変に女性を意識してしまって，接し方も下手なんですね。これから，もっと女性社員や女性管理職が増えてきたときに，いまのような考え方や態度のままだと，逆に女性に気を遣わせてしまうのではないかと心配です。男性が無意識のうちに構えてしまって，それに対して女性がまた構えてしまうという悪循環ですね。男性も女性も構えないで普通に話ができるようになればいいのですが…。

たとえば，女性が「今日は早く帰らせてもらいます」と言ったときに，頭ごなしに「なんで？」と言うようではだめです。女性には，夕飯の準備や子どもの世話などいろいろな事情があるので，それをきちんと理解して自然に対応できるようにならないといけません。そのあたりを男性管理職はもっと配慮するべきだと思います。

―― 一般的に男性管理職の奥さまは専業主婦の方も多いと思うので，働く女性の気持ちがなかなか理解できないのかもしれませんね。

鎌田社長 私は母親が学校の先生をしていたこともあり，女性が結婚したり子どもができても働き続けることに違和感がないのかもしれません。ただ，母親は仕事も家庭のことも全部自分1人でするのはムリでしたね。そう考えると，いまの女性は育児だけでなく，会社に入ってからも資格を取ったり学校へ行ったりしている人もいて，本当にタフですね。

―― 伊藤さんは，社内の男性管理職についてどう思われていますか。

伊藤氏 よく女性は保守的だといわれますが，男性のなかにも保守的だと

感じる人がいると思うことがあります。男性管理職は，その部署で長年築いてきたものがあり自分の仕事のスタイルができているので，なかなかそれを変えたがらない傾向があるように思います。それに比べて，女性社員は割と変化に柔軟で，やってみようというチャレンジ精神が強いと思います。
―― 末本さんにとって伊藤さんは女性上司になりますが，男性上司と比べて違いはありますか。
末本氏 上司が女性だからというよりは，伊藤だから仕事をしやすい，よかったと感じています。もしかしたら女性だから話しやすいというのもあるかもしれませんが，私は伊藤を「鉄の女」と思っていて，失礼にも本人に対してそう言ったりもしているのですが（笑），伊藤の積極性，行動力，強い意志やリーダーシップによるところが大きいと思います。

女性を増やしていき10年以内には4割に

―― 伊藤さんの昇進を，若い社員は注目しているようですね。
伊藤氏 教育・研修部にいたので，研修などを通じていまの20～30代の社員はほとんど知っています。彼らはすごく応援してくれていて，メールもよくくれます。女性社員からの「応援しています」「がんばってください」という声を聞くと，背筋が伸びる気がしますし，若い社員のためにもがんばらなければと改めて思います。本部長になった当初，慣れない職場で気持ちに余裕がなかったときに，20代の女性が「顔が引きつってますよ」と気にして声をかけてくれたことがありました。そのときも，「見てくれている人がいる」と思って本当にうれしかったです。
―― 伊藤さんは，みんなの注目の的なのですね。いまのお仕事は大変だと思いますが，いかがですか。
伊藤氏 まだ本部長になって1年半なので悩むことも多いのですが，そんなときはカスタマーサポート本部担当の専務が相談に乗ってくれます。週1回，業務報告のときに仕事のアドバイスをしてくれたり，厳しい課題を出されるなどありますが，経営的視点で指導してもらっています。当社に

は女性活用のための特別なツールはありませんが，私たちを育てようとトップ層がきちんとサポートしてくれていることを感じます。

―― いわゆるメンターですね。

伊藤氏 そうですね。社長も会議や社内報など，ことあるごとに女性の活用を進めて女性管理職を増やしていくと明言しています。社長の発言もあって，会社の雰囲気はここ数年で確実に変わってきていると感じます。

―― 女性社員たちは，こうした社内の雰囲気をどう感じているのでしょうか。

伊藤氏 女性管理職が誕生して，「自分もなれるかも」と思っている女性社員や，「目標にしてもらえるようにがんばりたい」と言う女性管理職も増えています。なかには仕事と家庭の両立で悩んでいる社員もいますが，私もいろいろ悩みながらここまでやってきました。でも続けていれば，やがて見える景色がどんどん変わって，人脈も広がり，自分が成長していると感じられて楽しくなります。若い社員たちには，男性も女性も，自分のやりたいことはあきらめないで，なんでもチャレンジして前に進んでいってほしいですね。

―― 末本さんは若い社員に対してどのような思いをもっていますか。

末本氏 「馬には乗ってみよ，人には添うてみよ」という諺があります。目の前にあることをとりあえずやってみて，だめだったらまた違うことを始めればいいという精神で，いろんなことに挑戦してほしいです。思いどおりにいかなくてへこんだり悩んだりしても，固定観念にとらわれないで，どんどん違うことを経験して視野を広げていく。そうすれば柔軟にものごとに対応できるようになって道は開けるものと思います。後は，私は社外に知り合いも多いので，若い社員をもっと積極的に外に紹介するようにして，彼らがネットワークを広げる手助けをしていきたいと思っています。

―― 末本さんも，伊藤さんとはまた違ったロールモデルですね。

末本氏 私は中途入社なので，新卒で入社して順調にキャリアの階段を上がっている人とは違います。次長になったときも，異動して昇進という当社では珍しい形でした。そういう意味では，当社のなかではダイバーシティな存在かなと思っています。私のような外部から来て次長・部長になった

ケースがあることで,「そういう道もあるんだ」と知ってもらえたり,何か目標を示せればいいなと思います。

—— 鎌田社長は,今後の女性の活用についてはどう考えておられますか。

鎌田社長 いまの日本は,男性よりも女性のほうが元気です。会社の活気は働いている社員が作るものなので,元気で前向きで能力がある社員が多いほうがいい。その点からも,今後も女性の採用は増えていくでしょう。現在の当社の女性比率は2割ですが,10年以内には4割ぐらいになると思います。これは理想というよりも,自然な形ですね。そうなったときに新しい問題が起きるかもしれませんが,それはそのときに考えればいいと思っています。

女性管理職へは,これからも登用していくつもりです。そして,それぞれさらに上をめざしてもらいたい。残念ながら,伊藤の後に続く人たちは結婚や出産で辞めてしまった人も多いので,もう少し時間がかかるかもしれませんが,今後は,もっと本部長レベルの女性管理職が増え,いずれは女性役員も誕生するでしょう。優秀な女性が社会で活躍しており,これからもいろいろな会社で女性の活躍が増えていくと思いますが,当社のような「情報」を扱う仕事は,システム部門・営業部門も含めて女性に向いている仕事ではないかと思っています。

—— これから,御社をどのようにしたいと思っておられますか。

鎌田社長 当社の社員は,男性も女性もまじめにコツコツと仕事を積み上げていくタイプが多いですね。女性が元気で,男性がおとなしくても,それが自然な形であればいいと思います。意図的に「こうしなさい」と言って不自然な形に変えてしまうのが一番悪い。「こうあるべき」ではなくて,彼・彼女たちが無理をしないで自然に活躍できるような会社にしていきたいです。そして,社員は,自分のおかれた場所でフルに力を発揮していってほしいですね。

—— 本日はどうもありがとうございました。

QUICKのその後…

◇2013年３月，女性管理職セミナー開催
◇2013年３月，女性取締役第１号誕生，女性管理職比率（部長以上）は14.8％に
◇2013年４月，グループ各社も含めた「Human Resources（HR）改革委員会」発足

伊藤朋子さんのその後…

　私は，2013年に取締役になり，カスタマーサポート本部長として，技術サポート部とお客さまサービスセンターを統括し，日々お客さまに向き合い，サービス品質の向上に取り組んでいます。

　当社には女性活躍推進を組織的に推進している仕組みはありませんが，創業以来女性の声を聞き業務に反映する風土があり，女性管理職も着実に増えています。2013年春には女性管理職研修を実施し，また全社HR改革委員会が立ち上がるなど，新たな人事制度改革もスタートしました。仕事と育児の両立を支援する人事制度も整備され，両立して働いている女性は増えています。

　女性社員の仕事に対する意識も高く，人事異動による職域も拡大しています。女性活躍が進んでいる会社は，会社全体も活気があり業績も向上しています。当社では，ここ数年は新入社員の女性比率も５割を超えており，それぞれの本部で女性管理職も活躍しています。

　今後は介護も含めた仕事と家庭の両立支援のため，仕事の進め方を改善していきたいと考えています。労働時間を短縮し，時間あたりの労働生産性を向上させるため，管理職の残業に対する意識改革，評価制度の改善，ワークライフバランスの浸透にもかかわっていきたいと思っています。社内や社外のネットワークづくりの橋渡しとなり，輝く女性があふれる活気ある職場で業績向上をめざしていきたいです。　　　（いとう・ともこ）

末本栄美子さんのその後…

　私は，いまもお客さまサービスセンター長としてセンター運営を担当しています。仕事で意識して取り組んでいることは，昨日と同じ業務を同じようにこなすのではなく，どこかにsomething newがないか，すなわち「昨日までの正解」は必ずしも「今日の正解」ではない，お客さまの疑問（問題）の解決のために何ができるかを部員一人ひとりが考え行動することの徹底です。私は部員が考え行動することをバックアップし，結果の責任を取ることを肝に銘じ，それを行動で示すことを心がけています。

　当社では，伊藤が取締役になるなど，経営層まで昇る女性が出たことで社内が活性化し，刺激が出ました。社内にダイバーシティ推進部署はありませんが，各種研修は男女関係なく平等に参加機会が与えられ，配属も各部大きな男女の偏りなくされています。多様な女性先輩が各部署にいることが，若手社員に目標とするキャリア像の選択肢を与え，働きやすさやインセンティブ向上につながっていると思っています。

　ダイバーシティとは，女性に限らず多種多様な社員に成長機会を与え，それぞれの能力を最大限に発揮させ，その成果に合理的な対価を払い評価することだと思っています。40年超の「働く期間」を，常に同じペースで走り続けることはできませんし，同類ばかり集まった組織はアメーバ（単細胞生物）のように，外的環境の変化に弱いものです。個々人がそれぞれの目標に向けていろいろなチャレンジを続けてほしいと思います。

（すえもと・えみこ）

QUICK：会社概要

設　　立：1971年10月1日

事業内容：世界の証券・金融情報，政治・経済情報をリアルタイムで配信。資産運用支援，注文執行業務の支援，ネットワーク構築支援サービスなど，証券・金融市場に関連する総合的なソリューションの提供

資 本 金：6億6,000万円

従業員数：620人（2013年4月1日現在）

本　　社：東京都中央区日本橋室町2丁目1番1号
　　　　　日本橋三井タワー

ＵＲＬ：http://www.quick.co.jp/

ミニストップ

キーパーソン

管理本部
人事部
部長
飯久保 明 氏

営業本部 西東京営業部 部長
ダイバーシティ推進委員会
委員長
木下 朋子 氏

社長室
秘書・ブランディングチーム
ダイバーシティ推進委員会 事務局
中井 智律子 氏

　コンビニエンスストアを展開するミニストップ㈱は，ウーマンズ☆パワー分科会，ダイバーシティ推進委員会の活動をとおして，24時間営業のコンビニという難しい業態のなかで女性の活躍を推進しています。取材では，キーパーソンの飯久保明人事部長とダイバーシティ推進委員会委員長の木下朋子さん，中井智律子さんにお話をうかがいました。

　飯久保人事部長は，分科会設立時から女性活躍推進に携わり，活動がダイバーシティ推進委員会に引き継がれた後は，初代委員長として指揮を執ってきました。木下さんは，同社初の女性店長となったパイオニアです。そして中井さんは，分科会からずっと活動に携わり，プレッシャーと闘いながら取り組んできました。中井さんのようなワーキングマザーが胸を張って仕事ができる会社は，ダイバーシティな組織風土のロールモデルです。　　　　　　　　　　　　　　　（取材日：2012年8月29日）

分科会のリーダーを経て推進委員会の委員長に

―― 飯久保さんは，ミニストップのダイバーシティ推進の中心的人物とお聞きしました。まず，これまでされてきたお仕事についてお聞かせください。

飯久保氏 私は1991年に，自動車部品メーカーからこちらへ転職してきました。当社では，入社後2年くらい店舗・店長を経験した後，ストアアドバイザー（店舗経営指導員：以下，SA）となるケースが多いのですが，私は店舗経験も短くSAを経験しないまま，前職で経理をしていたこともあり経理部に配属になりました。経理部には約8年おり，その後2000年から9年間，専従で労働組合の委員長を務めました。

2009年に職場に戻ったのですが，翌年に創立30周年を控えていたことから「ミニストップの未来を考える」プロジェクトのリーダーを任されました。そのころは会社の業績が思わしくないときだったので，費用をかけずにいかにいい形で30周年の節目を迎えるかということに苦心しました。その後，社長室長や営業部長を経て，2012年2月から人事部長をしています。

―― ダイバーシティに携わられたのはいつからですか。

飯久保氏 労働組合の委員長をしていた2007年に，全社でSA業務改革の取組みを行うことになり，分科会がいくつか立ち上がりました。その1つに女性が活躍できる職場をめざす「ウーマンズ☆パワー分科会」（以下，WP分科会）があり，労働組合の立場で間接的にかかわったことが始まりです。2009年2月にSA業務改革が終了した後も，WP分科会の取組みは社長の指示で継続することとなり，当時，私が配属されたブランディング推進担当で引き継ぐことになりました。そして2009年9月に，ブランディング推進，人事部，労働組合をメンバーとするダイバーシティ推進委員会（以下，推進委員会）を設立し，私が初代委員長になりました。2012年3月に委員長は木下と交代しましたが，いまは人事部長という立場で推進委員会に携わっています。

―― さまざまな経験をされてこられたのですね。

> ミニストップのダイバーシティの取組み

2007年9月　ウーマンズ☆パワー分科会発足
2009年4月　初の時短店舗勤務者誕生
　　　 9月　ダイバーシティ推進委員会発足
2010年9月　初の時短勤務SA誕生
2012年4月　全社に向けダイバーシティ宣言を発表

　女性社員比率：13.1％（全社員933人／女性122人）
　女性管理職比率：2.1％（全管理職144人／女性3人）
　※2012年8月末現在

◉ダイバーシティのビジョン
・ミニストップの繁栄のために，「多様性が活きている」状態を創造
・自律した個々人の，異なる特性や特長，強みを発揮し，知識や経験を「補完」し合い，「相乗効果」を生み出す環境を創る

飯久保氏　私は自分がこうしたいというよりも，与えられたことに対して最大限のパフォーマンスを発揮して結果を出し，人に価値を提供することにやりがいを感じます。ですから，これまでも自分でキャリアを描いたことはなく，いろいろなめぐり合わせでここまでやってきました。

深夜労働が認められ初の女性店長・SAに

――　木下さんは，飯久保さんの後任として2012年4月から推進委員会の委員長になられましたが，これまでされてきたお仕事についてお話いただけますか。

木下氏　私は1995年に入社しましたが，同期33人のなかで女性は4人だけでした。当時はまだ女性の深夜労働が認められていないときだったので，女性の店長は1人もおらず，店長経験者がなるSAにももちろん女性はいませんでした。当時，女性は店舗を1年くらい経験すると，スタッフ部門に配置転換されるというのが通例になっていたのですが，私はスタッフ部

門の仕事よりも店舗業務に興味があったので，自己申告制度を使い店長をやってみたいと申請しました。

—— 女性の店長がいなかった時代に，すごいですね。

木下氏 男性の店長の仕事ぶりをみて，女性でもできないことはないだろうと思ったのです（笑）。すると，ちょうど深夜営業をしない直営店舗ができたときでしたので，初の女性店長になることができました。そこで1年間店長を経験しましたが，いま思い出しても本当に楽しい1年でした。でも，店長の次にSAになるかどうかすごく悩んで，店舗以外の職種も経験してみようと思い，また自己申告制度を使って，今度は人事部に異動しました。人事部では採用を担当し，仕事は楽しかったのですが，3年ぐらいするとまた悩むようになりました。

—— 今度は，どのような悩みが出てきたのですか。

木下氏 学生に職種の説明をすると，必ず「女性のSAはいないのですか」という質問が出ました。私は，「いまはまだいませんが，いつか誕生するといいですね」と答えていましたが，そのたびに，店長まで経験したのにSAにならなかったことを後悔するようになってきたのです。すると，26歳のときに会社からもう一度店長をするようにと言われました。ちょうど女性の深夜労働が認められるようになった年だったので，会社が女性のSAを育てようと異動させてくれたのだと思います。そして，店舗に戻って店長になってから半年後に，初の女性SAになりました。その後は，営業マネージャーを5年経験して，2011年の3月に営業部長になりました。

—— それまで男性しかいなかった世界に，パイオニアとして入っていくことに戸惑いはありませんでしたか。

木下氏 私は店長やSAの仕事に性別はまったく関係ないと思っていたので，自分をマイノリティだと感じたことはありません。受け入れる側の男性たちがどう感じていたかはわかりません（笑）。ただ，SAのときに担当した店舗にはフランチャイズ店もあったので，そこのオーナーさんたちが女性のSAをどう思うかという不安は少しありました。でも，皆さんすぐに受け入れてくれたのでうれしかったです。

―― 推進委員会の委員長にと言われたときは，どのようなお気持ちでしたか。

木下氏 お話をいただいたときは，身の丈に合わないのではと思い悩みました。でも2011年にダイバーシティの社外研修を受けたときに，講師に言われた「回ってきた話は断るな」という言葉が心に残っていたので，思い切ってやらせていただくことにしました。いまは，中井にいろいろと教えてもらいながら勉強しているところです。

―― 中井さんは，WP分科会の活動が始まったときからダイバーシティ推進にかかわられていますが，これまではどのようなお仕事をされてきたのですか。

中井氏 私は，1997年に入社しました。入社時に「10年後の自分はどうなっていると思うか」と聞かれて，「子どもが2人いてSAをやっています」と答えたのをいまでも覚えています。もちろん，当時は女性のSAはいませんでしたし，女性たちは何になっても「女性初」というのが付いているような状況でした。入社後は店舗を半年経験した後，秘書広報に配属になりました。会長秘書をしていた2003年に，1人目の子どもが生まれて育児休業を取りましたが，スタッフ部門には出産・育休を経て復帰した先輩社員がいたので，とくに不安もなく復帰することができました。復帰後は総務部に配属になり，そこで2人目を出産して環境推進担当で復帰しました。その年にSA業務改革が始まり，WP分科会のメンバーに手をあげたところ，その8カ月後にSA業務改革担当へ異動しました。そしてその後，飯久保と同じブランディング推進担当になり，これまで活動してきました。

―― WP分科会には自分から志願したわけですね。

中井氏 はい。WP分科会のメンバーは公募で，女性活躍推進には出産や育児にかかわることが多いので，当事者の1人である私も意見をいえる場があるなら参加しようと思い，応募しました。2007年のWP分科会のスタート時からダイバーシティにかかわって，2012年の9月で5年にもなっていました。

―― WP分科会や推進委員会ではどのような活動をしてこられたのですか。

中井氏 WP分科会の初期メンバーは，取締役と女性15人で，リーダーの取締役以外は全員公募でした。途中から男性もメンバーに加わり，2007年

には，従業員アンケートやヒアリング，女性を集めたシンポジウムを開催しました。また2008年には人事部や労働組合と連携して，育児勤務SAの働き方の検討や規程の改定を行い，出産・育児にかかわる制度をまとめた小冊子を作りました。SA業務改革終了後も取組みを継続し，2009年4月には，初の時短店舗勤務者（6時間勤務）が2人誕生しました。

　2009年9月に設立した推進委員会には，男性・女性，既婚・未婚，育児中など，多様なメンバーがいます。2009年は，当社のダイバーシティ推進の目的や方向性，取組内容を明確にしながら，さらに時短勤務SAを実現するためのルールや仕組みの構築などを進めていきました。その結果，2010年9月には，おそらくコンビニ業界では初となる3人の時短勤務SA（6時間勤務）が誕生しました。その後は，時短勤務SAとその上司・同僚との定期的ミーティングやヒアリングを実施しながら，改善するべき点について検討・改善を重ねてきました。2012年4月からは木下が委員長になり，これからは開発や営業など現場当事者も入った新しいメンバーで取組みを進めていく予定です。

マルかバツかではなくオールマルを作っていく

―― 飯久保さんはダイバーシティにかかわるなかで，ご自身の考え方などは変わってきましたか。

飯久保氏　労働組合にいたころは，女性の活躍推進は，守ったり整備したりしないといけない問題だと思っていました。でもいまは，必ずしもそうではないと思っています。その考え方だと，過去の実績ででき上がった「ものさし」があって，それに合わない人を保護したりどうにかしてあげるということになります。でも，そもそも人は十人十色で，生き方も価値観もみんな違うはずです。ですから守るというのではなく，いままでの「ものさし」が本当にいまも主流なのかをもう一度考えて，場合によってはそれを壊していくことがダイバーシティではないかと思っています。

―― 主流というのは，たとえばどのようなことでしょうか。

ミニストップ

▶左から順に木下氏，飯久保氏，中井氏，植田氏

飯久保氏 何より仕事を優先する人が会社にとっていい人，がんばっている人だとする価値観などですね。それだと，アウトプットの大きい人がマルで，そうでない人はバツになってしまいます。私はこれからのダイバーシティは，それぞれ立場の違いや働く制限があっても，自分のやれる範囲内でがんばっている人は全員マルだという「オールマル」のとらえ方をして，そうなってもらうためにはどうすればよいかを考えることだと思います。

―― オールマルというのは素敵な考え方ですね。では，若い社員についてはどうお考えですか。いまは新入社員の3割が女性ということですが。

飯久保氏 人事部長になって採用も担当していますが，男女間の能力差は基本的にはないと感じています。労働力人口の減少や少子化など，現在，そして未来の雇用環境を考えると，よりダイバーシティの推進が不可欠だと考えています。ただ，いまの若い人たちは男性も女性も豊かななかで育っているので，アグレッシブさやパワーが感じられず，仕組みやツール，場を与えられないとなかなか動こうとしないところもあります。そのような若い人たちに，これからどうやってダイバーシティを推進していくかも課題だと思っています。

―― 若い社員にがんばって「マル」な人になってもらうためには，何が必要だと

考えていますか。

飯久保氏 人は，いったん身に付けた能力は忘れませんが，ある程度の時間が過ぎると過去の自分にとらわれすぎて，新しいことを受け入れなくなるとも言われます。身に付けるべき能力は徹底的に教えなければいけませんが，創造性やバイタリティの醸成には，いかにチャンスを多く与えて，成功体験や仕事の面白さをどれだけ経験してもらうかが大切だと思っています。女性が初めて深夜労働をするときに，労働組合や人事部で「油交換を1人でできるだろうか？」「重いものを持てるだろうか？」と真剣に話し合いました。いま思えば「何のための議論だったんだろう」と思いますが（笑）。でも，それは新しいことを始めるとき，最初に「リスク」を考え，できるかどうかを判断しようとしてしまうという，だれもが陥ることかもしれません。私はいまもそのときのことを忘れないようにしていて，若い社員にチャンスを与えるときはリスクにとらわれすぎないように気をつけています。

── 木下さんは女性社員について，どのように感じていますか。

木下氏 人事で採用を担当していたときから，男性と同じように女性にも優秀な人はたくさんいると思っていました。でも，女性には結婚や出産・育児などいろいろな選択肢があるので，壁にぶつかって途中であきらめてしまう人もいます。その一方で，がんばりすぎてポキッと折れてしまう人もいるので，若い女性にはあまりがんばりすぎず，冷静に広い視野をもってチャレンジできる仕事をみつけてほしいと思っています。

ダイバーシティ推進の3つの重要なキー

── 飯久保さんは，自社のダイバーシティをどうとらえていますか。

飯久保氏 当社のダイバーシティ推進には，3つの重要なキーがあったと思います。1つ目は，女性の深夜労働が可能になったことです。それまでは，女性は22時以降は働けないという規制があったため女性の採用は少なかったのですが，1999年に法律が改正されました。私はそのとき労働組合

にいたので，人事部の担当者と「会社がきちんと施策を整えていかないと難しい。しっかり見守っていこう」と話し合い，店長になった木下にも「困っていることはないか」とヒアリングをしながら進めていったのを覚えています。2つ目は，現社長の阿部の存在です。社長は「女性・男性は関係ない。女性にもどんどん活躍してほしい」と言っており，それが当社の女性活躍推進の大きな力になっています。推進委員会の活動は，普通なら人事部が行う取組みですが，阿部は「お前がみてくれ」と言って私に任せてくれました。

中井氏 WP分科会も，社長がFCサポート本部長（常務取締役）のころに立ち上げたものです。ほかの分科会はもっと業務に直結した内容でしたが，社長は「女性活躍推進は取締役改革だ」と言って，自らリーダーとなり進めてきました。推進委員会も部門横断型の組織なので，活動がしやすいという面があります。

―― 阿部社長の存在が大きな原動力となっているのですね。

飯久保氏 阿部は社長になる前から，これからは女性が活躍する世の中になるし，そうならないといけないと考えていたようです。先ほど中井が言ったように，2010年9月には3人の時短勤務の女性SAが誕生しましたが，これも社長が阿部でなかったら，どこよりも先にはできなかったと思っています。そして3つ目は，木下のように先駆的な役割を担える女性がいることです。これはねらってできることではありません。タイミングと人材，両方がそろって初めて成り立ちます。まだ何もないころに自分で築いていくタイプと，その後を引き継いで進化させていくタイプと，さまざまな女性の人材に恵まれたことが，当社にとってよかったと思っています。

―― パイオニアとなる女性がプレッシャーに負けたりつらそうだと，ダイバーシティは続きませんからね。その点，木下さんたちは前向きで楽しそうです。木下さんは自社のダイバーシティをどうみられていますか。

木下氏 私が入社したころは，女性の多くはスタッフ部門中心に配属されていました。でもいまは，女性管理職や女性の営業マネージャーも出ていて，この10年間でだいぶ変わったと思います。いまは女性がSAをするのが普通になっていて，SAをやりたくて当社に来る女性も多くいます。次は，

もっと女性の管理職が増えてくれると，私も心強いですね。

ダイバーシティ宣言を発表

—— 推進委員会では，これからどのような取組みをしていきたいと考えていますか。

木下氏 2012年4月に，これからのダイバーシティの方向性についてまとめた「ダイバーシティ宣言」を全社員の前で発表しました。これからは，男性・女性，外国籍，シニアなど，多様な人材を活かす活動をしていきたいと考えています。私がこれから伝えていきたいのは，自分と違う人を受け入れたり，責任をもって新しい職種へチャレンジしていくには，制度だけでなく社員自身の覚悟が必要だということです。会社と社員，双方のやろうという気持ちがないと，制度だけ整えても意味がないと思っています。

—— 中井さんはどうですか。

中井氏 推進委員会ではこれまで，女性の出産や育児に重点的に取り組んできましたが，これまでは社内に活動内容を公開していなかったため，「ダイバーシティ」という言葉を知らない社員もいました。これから全社に活動を広げていくために，どうやって社員にダイバーシティを伝えればよいか考えて，今回，ダイバーシティ宣言を発表しました。宣言は社内でも評判で，「よかった」という声を聞きました。いまは育児や介護，定年延長などで，法定を上回る制度を整備していますが，本人の仕事に対する姿勢ややる気がなければ，他の人からは「制度に甘えている」とみられてしまいます。制度も大切ですが，そのあたりもしっかりと伝えていきたいと思っています。

—— 中井さんは，ダイバーシティ推進に携わってこられたこの5年間を振り返ってどうですか。

中井氏 最初のころは社内でも「時短勤務のSAなんて本当にできるの？」とよく言われましたが，いまは5人が活躍しています。女性の深夜労働が始まるときに一つひとつ確認していったように，時短勤務のSAにも毎月ミーティングやヒアリングを行い，上司と一緒に取り組んできました。は

ミニストップのダイバーシティ宣言

> ミニストップは,
> ダイバーシティを
> 推進していきます
>
> 本人の責任・覚悟 ⇄ 周囲の責任・覚悟
>
> 制度や仕組み
>
> 「違い」を成長戦略に！

じめは本人たちも不安でしたし，上司からも「会社の考えはわかるけど本当に大丈夫か？」という声がありましたが，いまは本人も上司も「もっとできる気がする」と言っています。飯久保も言っていたように，はじめはどうしても不安がありますが,やってみたらできることは意外にあります。課題はそのつど解決していけばよく，「なせば成る」の精神で，やろうという意思さえあればなんとでもなる，といまは思っています。

―― 飯久保さんは，これからの自社のダイバーシティをどうしていきたいと考えていますか。

飯久保氏 ダイバーシティを推進していくには，実績を積み重ねていくしかないと思っています。仕組みや制度をいくら作っても，それだけでは問題は解決しません。大事なのは仕掛け方で，仕組みや制度が合わなければ見直して，新たに次を始めるというように継続して仕掛けていけば，次第に全体の意識が変わって実績が出るようになっていくのではないでしょうか。これからは，いままで木下や中井が培ってきたことをどれだけ広げていけるかが大事だと思っています。推進委員会の委員長から人事部長へと立場は変わりましたが，これからもダイバーシティにかかわっていくことに変わりはありません。当社ではこれからも地道に実績を重ねていき，マルの大きさや形は違っても，「オールマル」をめざしていきたいと考えています。

―― 本日は,どうもありがとうございました。

ミニストップのその後…

◇2013年３月，全社的な人事制度の改革を実施
◇2013年３月，育児短時間勤務管理職への取組みを開始

木下朋子さんのその後…

　取材時は，営業部に所属し「ミニストップ」の経営指導という営業業務に従事していましたが，2013年の３月度からは人事部に異動し，人事業務全般を担当しています。

　以前と比較して「変わったなあ」と思うのは，女性社員でもほぼ全員が営業職に就くようになったことです。逆に，「まだまだ遅れているなあ」と思うのは，女性管理職が少ないことです（女性管理職者比率約4.0％：2013年２月末現在）。これは，ボトムアップは進んできたけれど，リーダー志向はまだ醸成されていない，ということだと思います。

　先日も，周りから期待され１つ上の階層に昇格した若手女性と話す機会がありましたが，とても落ち込んでいました。彼女は，実力以上に評価・登用されていると思い込んで，自らプレッシャーを抱え込んでいるようでした。以前，私も同じ気持ちをもったことがあるのでよくわかるのですが，背伸びをせず自然体で，普通にやればいいと思います。

　いつか女性がリーダーになることが珍しくなくなります。そのときにチャンスをつかまなかったことを後悔してほしくないですし，人事担当としては，優秀な人材を活用できないことはとても残念です。肩の力を抜いて，普通に，乗り越えていってほしいと思います。

（きのした・ともこ）

中井智律子さんのその後…

　私は2012年11月から，EC・サービス部に異動し，ソーシャル・ネットワーキング・サービスの公式アカウントの運用全般を主に担当しています。

　ダイバーシティ推進委員会の活動は，2013年2月に人事制度を変更したこともありいまは活動休止中ですが，これは当社のダイバーシティ推進が新たな段階に入ったのだと理解しています。取組み当初は社内の理解も低く，「なぜ女性活躍を推進する必要があるのか？」「女性を優遇するのか？」「女性ということを取り立てられたくない」等の声もありました。そのようななかで推進していくために，委員会という横断的組織を立ち上げ，通常業務と切り離して議論すること，配慮・お互いさまといった「感情」ではなかなか動かないものをルールや仕組みで補うこと，また，新たな短時間勤務営業部員のフォロー等が必要でした。

　しかし，実績の積み重ねもあり，いまでは短時間勤務営業部員も「特別」から少しずつ「あたり前」となりつつあります。新しい人事制度には，女性だけでなくシニアへの対応なども入れたダイバーシティの考え方が大きく盛り込まれています。また，新たな短時間勤務管理職も生まれ，組織のなかにこれまで以上の多様性が息づいてきています。

　まだ女性の職域拡大や意識醸成の取組みは必要ですが，自然と個々の違いを受け入れ活かせる組織になることが私の描く女性活躍・ダイバーシティが進んだ理想の姿です。

（なかい・ちづこ）

ミニストップ：会社概要

設　　立：1980年5月21日
事業内容：イオンの戦略的小型店事業として，コンビニエンスストア「ミニストップ」のフランチャイズ事業を展開。商品情報や経営ノウハウの提供。
売 上 高：3,526億8,700万円（2013年2月期　チェーン全店）
社 員 数：962人（2013年8月末現在）
店 舗 数：4,559店　うち国内2,224店，海外2,335店
　　　　　（2013年8月末現在）
本　　社：千葉県千葉市美浜区中瀬1－5－1
Ｕ Ｒ Ｌ：http://www.ministop.co.jp/

常口アトム

キーパーソン

女性活躍推進部 部長
佐藤 裕美 氏

女性活躍推進部 マネージャー代行
大岡 奈津子 氏

女性活躍推進部
松崎 茜 氏

　主に北海道で賃貸借の仲介業務などを行っている㈱常口アトムでは，2010年に開設した女性客の満足を高めるためのCSサポートセンターを2011年9月に女性活躍推進部に変更し，社内へと活動を広げてきました。取材では，キーパーソンの佐藤裕美女性活躍推進部部長と，大岡奈津子さん，松崎茜さんにお話をうかがいました。

　佐藤部長の強い思いと行動力は，周りの女性たちの共鳴を呼び，会社の風土をどんどん変えています。常口アトムの活動には，女性活躍推進に取り組むうえでの重要なポイントがあります。それは，推進の責任者を女性にすることです。会社が予算をつけて活動を後押しし，コアな存在となる女性に任せて実践してもらう。そうして初めて，それぞれの会社の女性活躍推進，ダイバーシティ推進の方向性，本当のゴールがみえてくるはずです。

（取材日：2012年12月18日）

社内外の女性を応援するCSサポートセンター

── 常口アトムさんは，北海道で仲介件数No.1の不動産会社だそうですね。ただ，まだ女性社員数は少なく，とくにお客さまと接する賃貸営業職の女性は少ないとうかがいました。そのようななかで，2010年に女性を支援する部署を立ち上げ，佐藤さんが初の女性部長になりました。まずはこれまでのお仕事についてお話しいただけますか。

佐藤氏 私は，1989年に当時の㈱常口（現・常口アトム）の旭川店に賃貸営業職として中途入社しました。その後，一度会社を辞めたのですが，1993年再入社し賃貸営業をした後，同年に店長になりました。2004年にアパート・マンションの管理をする管理営業所の所長になって課長職になり，2005年からは北見エリアで2店舗をまとめるマネージャーをしたり，FC新店舗のオープンにかかわったりした後に，2008年札幌に異動して，4店舗のエリアマネージャーになりました。

── バリバリ働いていたのですね。佐藤さんはシングルマザーだそうですが。

佐藤氏 当社に入社するまでは営業経験がなかったので，娘は母親に預けてとにかくがむしゃらに働いてきました。成績も良かったので仕事は楽しかったのですが，娘と一緒にいる時間がなかなか取れなかったことが一番つらかったですね。その後，2010年4月から，新生活応援プロジェクトという部署のマネージャーになりました。このプロジェクトは，お部屋を借りていただいたお客さまに，サービスの一環として引っ越しやインターネット環境の整備の手配など，あらゆる手配業務を行う部署です。私はその責任者として，提携業者の開拓などを行ってきました。その後，2010年12月に，いまの女性活躍推進部の前身となるCS（顧客満足）サポートセンターができることになり，部長として異動してきました。

── 異動の話を聞いたときは，どう思いましたか。

佐藤氏 店舗の賃貸営業職のときは男性がほとんどだったのですが，新生活応援プロジェクトは7割が女性だったので，最初のころは慣れなくてい

> **常口アトムのダイバーシティの取組み**
>
> 2010年12月　CSサポートセンター開設
> 2011年９月　女性活躍推進部に名称を変更
> 　　　　10月　第１回女子部会開催（参加者20人）
> 2012年４月　第２回女子部会開催（参加者30人）
> 　　　　10月　第３回女子部会開催（参加者38人）
>
> 女性社員比率：17.9％（全社員874人／女性157人）
> 女性管理職比率（課長職以上）：0.2％（２人）
>
> ◆ **ダイバーシティのビジョン**
> ・賃貸営業職の女性比率8.9％（男性社員442人／女性社員43人）を20％にすること
> ・女性を増やすことの重要性を管理職・店長に理解してもらうこと

ろいろと苦労もしました。でも半年くらいたつと，部下との信頼関係もできてきて，「よし，やるぞ」と思っていた矢先に異動の話があったのです。一度はお断りしましたが，社長からこの話をいただいたと聞き，また会社のためになるならと思い，やらせていただくことにしました。
　―― 初の女性部長ということで，プレッシャーはありませんでしたか。
佐藤氏　当社の女性比率は17.9％と低く，課長職以上は0.2％しかいません。そのため，会社も女性の部長を作りたいと考えていたようです。私でいいのだろうかと悩みましたが，後輩の女性やこれから入社してくる人たちのためにも引き受けることにしました。

アンケートで女性の育成・活用が大事と気づく

　―― 大岡さんは，CSサポートセンター立上げのときから佐藤さんと一緒にお仕事をされていますが，それまでは何をしてこられたのですか。

大岡氏 私は，1995年に入社して経理部に配属になり，2005年に財務部に異動になりました。どちらも数字を扱うのがメインでしたので，コツコツとやってきたのですが，2010年5月に人事部に異動になり，それまでとはがらりと変わって，人と向き合う仕事になりました。最初はなれずに戸惑いましたが，だんだん人とかかわる面白さがわかるようになってきたころ，2010年12月にCSサポートセンターを立ち上げるということで，そちらに異動することになりました。

―― 大岡さんも急な異動だったのですね。

大岡氏 はい。最初はCSサポートセンターといわれても仕事の内容がよくわからず，しかも新しい部門の立上げにかかわるという経験をこれまでしたことがなかったので不安でした。また，それまではずっと男性の上司ばかりで，私自身もどちらかというと男性上司のほうが仕事がしやすいと思っていたので，女性の上司と聞いて，最初は「大丈夫かな」と思いました。でも実際に働いてみると，佐藤部長はいろいろと引っ張ってくれますし，女性の上司だと仕事だけでなくプライベートな相談もできるので，いまは「女性上司のほうがいいかもしれない」と思っています。

―― CSサポートセンターは，佐藤さんと大岡さんで始められたのですか。

佐藤氏 2010年の12月にできたときは，私と大岡さんの2人だけでした。会社全体を把握できるようにとの配慮から，これまでいろいろな地域で営業をしてきた私と，本社で働いてきた大岡さんという，まったく違う経験をもつ2人が立上げメンバーになったと聞いています。

―― その後，松崎さんがメンバーに加わるのですね。

松崎氏 私は，中途入社として2011年の1月に当社に入社し，CSサポートセンターに配属になりました。

―― CSサポートセンターは，女性のお客さまに対するサービスを行うためにできたとうかがいましたが，具体的にはどのようなことをされてきたのですか。

佐藤氏 2011年1月から，「ハートフルプロジェクト」というサービスを始めました。いままではお客さまにコーヒーやお茶を出していましたが，飲み物を8種類のなかから選んでいただけるようにしたり，また，膝掛け

を用意したり，スリッパも新しいものを用意するという提案をして，全店で展開していきました。さらに，2011年4月からは，女性のお客さま専用の電話対応も始めました。

—— 女性客向けの活動が，社内の女性向けに変わったのはいつごろからでしょう。

佐藤氏 2011年2月に札幌に住む150人の女性にアンケート調査を行ったところ，6割以上の女性が「各店舗に1人は女性社員がいてほしい」と回答していました。札幌市内には50店舗あり，約260人の賃貸営業職がいるのですが，当時，女性の賃貸営業職は18人しかいませんでした。仮に各店舗に1人ずつおくとしても最低50人は必要なため，会社も女性社員の活用や育成が大事だと考えるようになったのです。そこで，2011年7月に社長が変わったのを機に話し合い，9月にCSサポートセンターから名称を女性活躍推進部に変え，社外だけでなく社内の女性も応援していく部門にしました。部員の数も，2011年4月に2人加わって5人になりました。

—— 女性活躍推進部になってからの取組みをお聞かせください。

佐藤氏 社外に向けては，女性のためのインフォメーションセンター「L-desk（エルデスク）」を開設しました。L-deskは，女性のライフスタイルを応援する場所として，賃貸物件を探していない女性にも来ていただきやすいように，ドリンクや雑誌を無料で提供するほか，整理収納のセミナーなどを開催しています。社内に向けては，女性が活躍できる環境づくりと人材育成を目標に活動をしています。2011年10月からは，女性だけで集まる「女子部会」を開催しています。

「女子部会」で悩みを打ち明ける

—— 女子部会についてお聞きしたいのですが，もともとは佐藤さんたちがやろうと言い出したのですか。

佐藤氏 社長や専務と話し合ううちに，女性だけを集めた研修をしようということになりました。先ほどお話したように，当社の女性の賃貸営業職は札幌でも18人しかおらず，しかも店舗では男性のなかに女性が1人とい

う状況なので，ちょっとした悩みを打ち明けたり相談できる人が周りにいません。また，結婚や出産後も働き続けている女性が身近にいないので，「このまま働き続けられるだろうか」と不安に思い，結婚を機に辞めてしまう女性も多かったのです。そこで，社長から「現場で1人でがんばっている女性を勇気づけてほしい」と言われました。ネーミングは，当時はやっていた「女子会」から，女子部会と名付けました。

―― 女子部会ではどのようなことをされているのですか。

佐藤氏　女子部会は，これまでに3回開催しています。1回目は2011年10月に，札幌の女性の賃貸営業職を対象に開催し，女性活躍推進部3人を含め計20人が参加しました。1回目は，女性たちに気軽に集まって話してもらうため，好きな化粧品について発表する場を設けるなど，リラックスして交流できるようにしました。また，先輩に聞きたいこと，後輩に伝えたいことや，店舗に女性が1人なのでよいこと，困っていることなどを話し合いました。そのなかで，女性活躍推進部がこれからやっていきたいことも発表しました。

―― 参加した女性たちの反応はどうでしたか。

佐藤氏　「いろいろな話が聞けてよかった」「また開催してほしい」という意見がありました。そこで，2012年4月に，2回目の女子部会を開催しました。参加者は，札幌の賃貸営業部と法人部と本社の女性，女性活躍推進部を合わせて30人です。1回目のときに，仕事の悩みを話してもらったところ，先輩女性から「私も同じような悩みがあったけど，そのうち大丈夫になるよ」というアドバイスがあって，それがとてもためになったという声が多かったのです。そこで2回目は，全店舗でただ1人の女性店長と，法人部賃貸の係長に体験談を話してもらいました。体験談では，「営業は自分からお客さまを好きになること…」のような話も出て，みんな興味深く聞いていました。体験談の後には，グループに分かれてディスカッションも行いました。そのほか，男性・女性それぞれの強みについて話し合ったり，お辞儀の仕方など基本的なマナー講座を開いたりしました。

―― 先輩の話が聞けたり，悩みが相談できるのは，店舗でがんばっている女性た

▶左から順に松崎氏，佐藤氏，大岡氏，植田氏

ちにとってはうれしいでしょうね。

佐藤氏 アンケートでも，体験談が一番好評でした。2012年10月に開いた3回目は，札幌だけでなく，函館や苫小牧の賃貸営業職と，法人部の女性社員，女性活躍推進部を合わせて38人が参加しました。

—— 社内でも少しずつ広がっていったのですね。3回目はどのようなことをされたのですか。

佐藤氏 1回目，2回目は，とりあえず集まって話してもらうことを第一の目的にしてきました。でも参加した女性社員をみて，学ぶ意識が高いと感じたことと，上司からも，「ただ集まるのではなく，研修だったら行かせやすい」という声があったので，3回目は人材育成の要素を取り入れるようにしました。地方から来る人もいたので時間は13〜17時にして，その間のティータイムで，この日のために特注で作ったケーキを出したり，体験談の発表者も，札幌賃貸営業や地方の賃貸営業の人など5人に増やして，いろいろな話が聞けるように工夫しました。メンターやロールモデルの話もしたのですが，そんな言葉を聞いたことがない社員もいたので，すごく刺激になったようです。また，「私でよかったら，いつでもメンターになるよ」と言ってくれる先輩社員もいました。

―― そう声をかけてくれる先輩がいるのは心強いですね。

佐藤氏　はい。先輩社員は後輩のことをすごく大切に思っているんだなと改めて感じました。12月に，まだ女子部会に参加していない，帯広や旭川の女性社員に会いに行ってきたのですが，彼女たちも女子部会の話を聞いていて「ぜひ参加したい」と言っていました。次は４月くらいに，まだ参加していない人を集めて開催することが，私たちのいまの直近の夢です。

男性社員に女性活用のメリットを伝えていく

―― 佐藤さんは自分のチームをどうみられていますか。

佐藤氏　私は，一緒に仕事をする人に，「みんなと仲良くできる」「みんなで決めた決まりは守る」「前向きな気持ちで仕事をする」という３つの条件を出しています。これが１つでも欠けていると一緒に仕事をするのは難しいと思っているので，松崎さんにも新人２人にも，この３つが守れるか確認をとってから入ってもらいました。みんなしっかりと守ってくれているので，同じ方向に向かって仕事ができているのだと思います。

―― 前向きな気持ちを表す１つとして，佐藤さんたちは，さまざまな資格にもチャレンジしていますね。

佐藤氏　みんなで自主的に取り組んでいます。収納アドバイザーの資格は，２級を４人が取っていて，大岡さんは１級を取るなど，部員全員がもっていますし，私と大岡さんはマナー講師の資格も取りました。また，私は植田先生が行っている植田道場（人材育成講師をめざすためのオリジナルカリキュラム）に通うため，入会条件のキャリアカウンセラー（CDA）の資格を取得し，道場では2012年に２つの分野で免許皆伝をいただきました。ほかにも心理カウンセラーやアロマテラピーの資格を取った人もいます。資格は取ることよりも，チャレンジすることで，お客さまや社内にアピールすることができ，自分の強みにもなるのでトライしています。

―― 佐藤さんは，2012年から社内のマナー研修の講師もされているそうですね。

佐藤氏　2012年６月から店長向けのマナー研修を行ってきて，12月でほぼ

全店長が受講しました。店長のほとんどは30代の男性なので,「いまさらマナーなんて」と言われるかと思っていたのですが,皆さん本当に真剣に受けてくれて,とても感動しましたし,うちの会社の男性もなかなかやるなと思いました(笑)。「一般社員に向けても行ってほしい」という声もありました。

　マナー講師をしようと思ったのは,社外で学んだことを,会社で活かしたいというのはもちろんですが,そういう場を使って,女性を活用することの大切さを伝えていくことで,みんなの意識を少しずつでも変えていければと思ったからです。いまはまだ,どうして女子部会を開催するのか,会社がどういう目的で女性の活用を始めているのか,社内にきちんと伝えられていません。それは私たち女性活躍推進部の反省するところでもあるので,これからは,「女子部会をやります」というだけではなくて,女性活用は女性だけではなく男性にもメリットのあることだとしっかりと伝えていきたいと思っています。

―― 女性のことだけを考えた活動ではないと感じてもらうことは,推進していくうえでとても大切ですよね。これまでを振り返ってみて,どう感じていますか。

佐藤氏　女子部会でいきいきとしている姿を見たり,アンケートに「またぜひ開催してほしい」と書かれていると,がんばってよかったと思います。

―― 大岡さんはどうですか。

大岡氏　「女子部会に出るとモチベーションが上がります」と言われたり,楽しそうにしているみんなを見るとうれしくなります。また,これまでは女性社員の数が少なかったこともあり,あまりなかった女性社員同士の横のつながりができたことも,女子部会をやってよかったと思えることの1つです。なにより,退職する女性が減ったので,私たちの仕事も少しは役に立っているのかなと思っています。

佐藤氏　大岡さんは,CSサポートセンターができたころに比べると,社外の研修に出たり,女子部会をまとめたりするなかで,前向きさや積極性が出てきて,すごく変わったと思います。

大岡氏　社外の研修に出ると,他社の女性の考えやコミュニケーションの

仕方など，本当に学ぶところが多いので，私ももっとがんばろうという気になります。

—— 松崎さんは，これまでの活動をどう感じていますか。

松崎氏 最初は，札幌の賃貸の女性営業職のみで始まった女子部会が，だんだん回を重ねるごとに地方の賃貸営業職や賃貸営業職以外の社員へと広がっていったことで，「交流できる場をみんな求めていたんだ」とわかり，そういう場所を提供できたことをうれしく思います。また，私自身，女性活躍推進部しか経験していないので，女子部会で営業の人の話を聞けるのはすごく勉強になります。

佐藤氏 松崎さんと他の2人は3月に，1カ月間営業店に支援部隊として研修に行かせることになっています。この時期の店舗はとても忙しいので，どんなふうに成長して帰ってくるのか楽しみです。

松崎氏 店舗は初めての経験なので，いろいろ学んで，戻ったときにいまの部門に役立てられるようにしていきたいと思っています。

数だけでなく働き続けられる環境を整える

—— これから，女性活躍推進部ではどのような活動をしていきたいと思っていますか。

佐藤氏 2013年1月からは新たな試みとして，札幌の賃貸営業各店に，幼稚園一覧や駅周辺のスーパーなどの駅からの徒歩分数や営業時間などを書いた駅情報を配布します。これは，女性活躍推進部が半年かけて，お客さまに使ってもらいやすいようにいろいろなアイデアを出して作ったものです。ときどき「女性活躍推進部は何をやっているのかわからない」と言われますが，このような取組みにより店舗や他部門とかかわることで，協力できる体制を作っていければと思っています。また，これからも外で学んだことを，社内研修などで活かしていきたいと思っています。いまはマナー講師は私がやっていて，大岡さんがアシスタントをしていますが，今後は，大岡さん，そして松崎さんへと順に引き継いでいけたらと思っています。

―― それはいいですね。大岡さんはどうですか。

大岡氏 佐藤部長が，女性が働きやすくて長く勤められる会社にしていきたいという道筋を示してくれているので，私もそれを引き継いでいけるようにがんばっていきたいと思っています。

―― 佐藤さんはみんなのロールモデルなのですね。松崎さんはどうですか。

松崎氏 私はまずはいまやっている仕事をコツコツとこなしながら，私の下にいる2人をしっかりと指導できるように，もう少し広い目で周りを見られるようにしていきたいと思います。

佐藤氏 松崎さんには，いま下の2人のリーダーのような役割をしてもらっています。まだまだ慣れなくて悩みながらやっているようですが，そうやって1人でも部下をもつことは大変で貴重なことなんだというのをわかってもらえたらと思っています。

―― 男性社員に対してはどう感じていますか。

佐藤氏 「女性ばかりなぜ？」という男性社員もいます。でも，女子部会などで女性社員と話しても，男性上司に対しての不満はあまり出てこないんですね。上司は本当に親身に対応しているようです。けれども，逆に，気を遣われすぎていてやりにくいと感じている女性もいるようです。今後はこのようなギャップを埋めていければと思っています。

―― 会社が今後，どのようになればいいと思いますか。

佐藤氏 女性社員の数を増やすことはもちろんですが，ただ増やすだけではなく，辞めないでいきいきと働き続けてもらえるようにサポートしていきたいです。はじめに，各店舗に1人は女性社員がほしいというアンケート結果のお話をしましたが，実際には1店舗に1人だと相談もできないので，全店舗でなくても2，3人いる店舗をいくつか作るなど，臨機応変に対応しながら，女性社員が悩みごとを抱え込まなくてもいい環境を整備していこうと社長とも話しています。ガチガチに固めるのではなく，当社らしい女性活躍を会社のみんなと一緒に進めていけたらと思っています。

―― 本日はどうもありがとうございました。

常口アトムのその後…

◇2011年10月から始まった「女子部会」を3回（2012年12月まで）開催
◇2013年6月から，アンケートやヒアリングの取組みを開始
◇2013年9月から12月まで月1回，女性セミナーを開催

佐藤裕美さんのその後…

　私は2013年の5月から，以前在籍していた新生活応援プロジェクトの部門長に再び異動になり，部屋を決めていただいたお客さまへの引っ越しやインターネットなど，暮らしにかかわるさまざまなサービスの提供を行っています。また，業務とは別に新人研修ではマナー・コミュニケーションの研修を，また女性営業マンに対しては女性ならではの営業として活躍するための研修の講師を行っています。女性活躍推進部は2013年5月に女性活躍推進室に変わり，人事部に編入されました。女性活躍推進室では，元部下だった松崎さんがアンケートの実施や，女性社員向けの研修の企画や男性店長向けに女性社員対応マニュアルの作成などを進めています。私は業務としては女性活躍推進からは離れましたが，いまも続けて植田先生から学んでいることを活かしながら，社内講師として女性社員に思いを伝えることで女性活躍推進にかかわっています。

　近年は賃貸営業の女性新卒者の入社が増えているにもかかわらず，退職も多いため，残念ながら女性社員は増えていません。今後も私は社内講師として，女性活躍推進を人事部とともに進めていきたいと思っています。私の目標・夢は現在の女性の店長が1人，他には役職者がいない賃貸営業の状況から，1人でも多くの女性店長・役職者を早く誕生させることです。

（さとう・ひろみ）

常口アトム：会社概要

設　　立：1992年2月
事業内容：賃貸借に関する仲介業務，賃貸借物件に関する管理業務，土地・建物等の売買に関する仲介業務，共同住宅の企画，建築，リフォーム業務など
売 上 高：101億円（2013年3月期）
社 員 数：861人（2013年4月1日現在）
本　　社：札幌市中央区北2条西3丁目1番地12
　　　　　敷島ビル3F
Ｕ Ｒ Ｌ：http://www.jogatom.co.jp/

キヤノン

> キーパーソン

取締役
人事本部長
大野 和人 氏

人事本部 人事企画部
部長
福井 啓貴 氏

人事本部 人事企画部
専任主任
鈴木 麻子 氏

　キヤノン㈱では，2012年に人事本部内にダイバーシティ推進担当をおき，本格的に女性活躍・ダイバーシティの推進に取り組み始めました。取材では，キーパーソンの大野和人取締役と人事本部の福井啓貴さん，鈴木麻子さんにお話をうかがいました。

　働きやすい会社，安定している会社だからこそ，さらに成長していくための経営戦略として，女性活躍推進の必要性に本気で目覚め，人事本部を中心に取組みを始めたキヤノン。鈴木さんは高度成長期からこれまで，女性の生き方・人生観の変化を受け止めながら働き，いまはワーキングマザーのパイオニアとしてプロジェクトをリードしています。

（取材日：2013年2月1日）

海外グループ会社と比べ女性活躍推進に取組む

―― 大野さんはいま，人事本部長としてダイバーシティ推進の陣頭指揮を執っておられますが，これまではどのようなお仕事をされてきたのですか。

大野氏 私は1980年に入社して，本社の人事部に配属になり，2008年から2011年まで総務や経理関係の仕事をした以外はずっと，人事部門でキャリアを積んできました。1987年からはアメリカにあるグループ会社のキヤノンU.S.A.に5年間赴任し，日本に帰ってからは茨城の工場の人事課長，本社の人事部門長を経て，2012年に人事本部長になりました。

―― 入社されたころの会社の様子はどうでしたか。

大野氏 新入社員研修を終えて職場に配属されたときにまずびっくりしたのは，17時に仕事が終わると女性社員だけがほうきやちり取りをもって掃除を始めたことです。「どうして女性だけなんだろう？」と思ったので，同期の男性と「僕たちも一緒にやろう」と言って掃除を始めたら，先輩の女性社員から「それはあなたたちのすることではない」と言って止められました。

―― それを聞いて，どう思われましたか。

大野氏 小学校から大学まで，机を並べて男女関係なく一緒に学んできたのに，会社に入って男性と女性で役割が分けられていることに違和感を覚えましたね。掃除以外にも，女性だけがお茶を入れたり，朝早く来て全員の机をふいたりしていたので，「なんか変だな」と思っていました。でも，1985年に男女雇用機会均等法が制定されてからは，しだいにそうした慣行もなくなっていきました。

―― 御社は2012年から，人事部内にダイバーシティ推進の担当者をおき，女性活躍推進に取り組んでいくことになりましたが，そのきっかけはなんでしょうか。

大野氏 当社の場合は他社と比較してというよりも，世界中にあるグループ会社と比べたときに，ダイバーシティに取り組む必要があると思ったのが第1の理由です。日本本社の人事本部にも2010年に女性の管理職が誕生

> キヤノンのダイバーシティの取組み

1992年	育児休業制度導入
2007年	育児休業制度の拡充，出生支援制度の導入
2008年	「しっかり働きゆっくり休む～時間内に効率的に働くワークスタイルの確立～」をスローガンに仕事と育児家庭の両立支援を推進
2012年9月	ダイバーシティの講演会を開催
2012年10月	ダイバーシティ推進の全社横断プロジェクト設置
2012年11月	女性向けリーダー研修を開始，メンター制度導入

女性社員比率：15.3％（全社員2万5,696人／女性3,923人）
女性管理職比率：1.5％（全管理職4,203人／女性61人）
※2012年12月末時点

◆ダイバーシティのビジョン

多様な視点を組織の中に取り入れ，イノベーションを起こし，組織の成長を促す。

しましたが，キヤノンU.S.A.の人事部門ではマネージャーの半数以上が女性で，男性と同じように活躍しています。欧米と日本では文化が違うと言う人もいるかもしれませんが，文化の近い中国やタイなどのアジアのグループ会社でも多くの女性が活躍しています。それなのに，日本の親会社は，女性の管理職はほとんどいません。これはおかしい，変えていかなければいけないと思ったのです。

上司の必要以上の配慮をなくすことが大切

―― 福井さんは，大野さんの下で女性活躍を推進されていますが，まず，これまでどのようなお仕事をされてきたのかお聞かせください。

福井氏 私は1987年に入社して，はじめは開発センターの人事部門に配属

になり，グループ会社に行った後，1998年に本社に戻って人事課長代理になりました。そのときの人事課長が大野です。2001年からは5年間キヤノンU.S.A.に行き，日本に戻ってからは，2007年から2010年に渉外部門にいた以外は，人事部門でキャリアを積んできました。

―― ダイバーシティや女性活躍推進の重要性に気づいたのは，いつごろですか。

福井氏 私が入社したころの事務系の女性の業務は，男性のサポートが多かったのです。最初こそ違和感がありましたが，しだいにその環境に慣れていき，「そういうものだ」と思うようになりました。そんな私がダイバーシティや女性活躍推進を考えるきっかけになったのは，キヤノンU.S.A.に駐在していたときです。人事制度を刷新する業務に携わっていたときに，なんでも急いで決めようとする私に，現地の人たちから「どうして議論もしないうちに進めるんだ！」と言われてショックを受けました。いろいろな違う意見を出して話し合うなかからイノベーションや新しい発見が出てくるという考え方に，そのとき初めて触れたのです。

また，日本から赴任しているのが男性ばかりなので，「日本の本社には男性しかいないのか」と言われて，「なるほど，そういう見方をされるんだ」と思い，女性やいろいろな人が活躍できる制度が必要だと考えるようになりました。いまはダイバーシティの推進担当者として，これまで「おかしいな」と思っていたことの改革に取り組めるようになりました。だんだん課題も整理できてきて，めざす方向が見えてきたと感じています。

―― 鈴木さんは，福井さんと一緒にダイバーシティ推進を担当されていますが，これまではどのようなお仕事をされてきたのですか。

鈴木氏 私は1986年に入社して，7年半くらい受付業務を担当した後に，事務職の仕事を学び始めました。そのころ私は離婚をきっかけに仕事に打ち込み始めた時期で，上司も何かと気にかけてくれたようで，いろいろな業務を通じて仕事のおもしろさを教えてくれました。そして，総務やセキュリティ管理を経験した後，2012年から人事本部でダイバーシティ推進を担当しています。

私自身は，入社した当初は，男性が働いて女性は家を守るという考えを

もっていた親の影響や，当時の世の中の風潮もあり，女性が仕事をするのは結婚や出産まででいいかなと思っていました。でも，入社が男女雇用機会均等法施行の年だったためか，同期には志の高い女性が何人もいて，彼女たちは結婚や出産をしても楽しそうに仕事を続けていました。その姿を見て「私もがんばろう」と思って，その後再婚し，1998年と2000年に出産してもずっと働き続けてきました。いま考えると，同期の女性こそ私のロールモデルだったと思います。

―― キャリア志向の高い女性たちに囲まれていたのですね。その当時の男性はどうでしたか。

鈴木氏 当社の男性には優しい社員が多く，女性にまず配慮をしてくれますが，女性のほうでは必ずしもそのような配慮を求めていないこともあります。たとえば，子どもが小さいころに，熱を出すたびに休んでいた私をみて，上司が「いまは大きな仕事を任せるのは無理だね」と言いました。それは「子育てが大変そうだから」という優しさから出た言葉なのですが，それを聞いてすごく悔しかったんですね。そこで，どうしたら子どもがいても仕事をがんばりたいという私の気持ちをわかってもらえるのか考えて，思い切って「主任になりたい」と言ったんです。

―― そのときの上司の反応はどうでしたか。

鈴木氏 とても困った顔をしていました（笑）。子どものことでよく休むし，残業もさせられないのにそう言われても…と思ったのでしょう。間もなく，その上司は異動になったのですが，ありがたいことに後任の方に，「彼女は主任になりたがっている」と引き継いでくれました。すると，ちょうど子どもも小学校に入学して手が離れたためか，新しい上司がいままでやったことのない業務を任せてくれるようになり，仕事の幅が広がっていきました。おそらく，彼は女性の活躍に理解があり，私を引き上げてくれたのだと思います。本当にいまでも感謝しています。

―― 優しさから女性に過度な配慮をしてしまう男性上司もいますが，仕事で成長するには，責任ある仕事を任されることも大切ですからね。

鈴木氏 そう思います。いまから15年くらい前に，当社のことを本に書き

たいというアメリカ人のライターが来て，女性だけを集めてヒアリングをされたことがあります。そのとき，「女性が活躍するためには何を変えることが必要だと思うか」と聞かれたので，私が「AT FIRST MY BOSS（最初に私のボスを変えること）」と言ったら，大爆笑されました。それは，ボスを異動させてほしいということではなくて，ボスの意識を変えないと女性は育っていかないと思ったからです。

講演会を開催し男性上司の意識を変える

―― このことについて，男性の立場から大野さん，福井さんはどう思われますか。

大野氏 女性の家庭の状況などに配慮をしている男性管理職は多いと思います。いま，当社に女性管理職が少ないのは，そのような配慮をして，やりがいのある仕事を任せてこなかったからかもしれません。しかし，労働時間が制限されているから，残業ができないからというだけで分けるのは，配慮とは違います。

　成長してもらうためには，ある程度ハードルの高い業務を与えて，支援をしていくことが大事ですが，それをしないで，「大変だから」と勝手に考えて仕事を任せないのは，配慮の仕方を間違えていると思います。もしかしたら，男性のなかにはいまも，「女性と男性は違う」という意識がどこかにあるのかもしれません。

福井氏 間違った配慮というのは，存在していると思います。そして私たち人事本部は，その間違いを管理職層にうまく伝えていないのかもしれません。管理職のなかには，せっかく女性を育成していたのに，結婚や出産で辞められたという経験を繰り返すなかで，女性に期待しなくなった人もいます。そうするとキャリア志向の高い女性は，「上司は何も期待してくれない」「男性に比べて，私には簡単な業務しかやらせてくれない」と思って，やる気がなくなってしまいます。たしかに，ライフイベントの節目で考え方が変わる女性もいますが，キャリアの積み方を1つしか示せなかったら，女性は選びようがありません。これまでは，たしかに女性に複数の

▶左から順に植田氏,大野氏,福井氏,鈴木氏

キャリアの積み方を示すことができていなかったと反省しています。

—— そのようななかで,2012年から始められた取組みは,これまでとはどのように違うのでしょうか。

福井氏 これまではワーク・ライフ・バランスという観点から,産前・産後休暇の整備や不妊治療の費用補助など女性活躍の制度面での整備を重点的に行ってきたため,そうした制度は他社と同じかそれ以上になりました。しかし,女性が活躍するための育成面では遅れていたので,2012年からは制度と育成の両方を並行して取り組んでいくことにしたのです。まずは,女性の活躍に対する社内の意識を改革することが大事だと考え,2012年9月に講演会を開催しました。そこでは,植田先生に「女性が拓く会社の未来～鍵を握るのは男性上司～」と題して,女性が活躍するために欠かせない男性上司の役割についてお話しいただきました。その後,11月には,当社では初めてとなる,管理職手前の女性を集めた「リーダー研修」も開催しました。

—— 講演会にはたくさんの方が参加されていましたね。

鈴木氏 取組みを進めていくにあたって,他社へヒアリングに行ったのですが,「最初に,女性活躍は全社で取り組むものだとアピールすると効果

がある」とアドバイスいただいたので，講演会を開催することにしたのです。参加者は，イントラネットで募集したほか，各部署のキーマンや組織の人材育成担当者にも参加してもらうようにしました。

　開催する前は，どれくらいの社員が集まるか見当もつきませんでしたが，最終的には本社で働く社員の約1割にあたる500人ほどが参加してくれて，予定していた会場に入りきらず，急きょ大きな会場に変更したほどでした。講演会の様子は録画していたので，後で本社以外の事業所で上映会も行いましたが，何度も上映会を行っている事業所もあるなど，想像以上に反響が大きかったので驚きました。

── 参加された方々の反応はどうでしたか。

鈴木氏　参加者の4割ほどが男性でした。管理職は「良い刺激になった」と言っている人が多く，女性社員からも好評でした。

── 福井さんの周りの管理職の反応はいかがでしたか。

福井氏　女性活躍推進の講演会を開催することには，みんな驚いていました。でも，「会社は本気で取り組もうとしている」「会社は変わろうとしている」と，多くの管理職から言われました。よく女性活躍推進は人事部門の問題ととらえられがちですが，私はそうだとは思っていません。ダイバーシティや女性活躍推進は，ビジネスを行っていくうえで不可欠であり，全社・全員で取り組むべき施策です。講演会に参加した管理職は，女性活躍推進を自分たちの問題だと感じてくれたようです。

── 大野さんは，どう思われましたか。

大野氏　「良かった」という声を多く聞きましたし，社員の期待感が高まっているのを感じました。しかし，講演会から4カ月近くたったいま，期待感がだんだん「本当に変わるのかな」という疑いに変わってきているのも事実です。講演会などのイベントで社員の意識を啓発することは大切ですが，それだけですぐに女性管理職が増えることや，みんなの意識が変わることは期待できないので，息の長い活動をしていくことが大切だと思っています。

性別に関係なく若いうちにチャンスを与える

—— 福井さんは,講演会の後に社内でダイバーシティのプロジェクト活動を始められたそうですね。

福井氏 2012年10月にダイバーシティ推進プロジェクトを立ち上げました。各組織の推薦を受けたメンバー10人には,子育て中の女性や男性管理職など,さまざまな人たちがいます。プロジェクト活動を始めたら,さっそく何人かの男性管理職から「動き始めたんだね」という電話やメールをもらいました。すでに「キャリア開発」と「人事諸制度・職場慣行見直し」の2つのワーキンググループが活動を開始しています。そして,プロジェクト以外でも,実力があり前向きな女性を見いだして,個別に育成しています。女性管理職の比率を上げるのは全社で取り組む目標ですが,そこからさらに女性役員を誕生させるためには個別の対応が大事ですので,全社で行うものと,個別に対応していくもののバランスを取りながら,しっかりとフォローをしていきたいと思っています。

—— 鈴木さんはこれからどのように取り組んでいきたいと思っていますか。

鈴木氏 女性活躍推進というと,女性管理職の比率を上げることが目的になってしまいがちですが,そうではなく,社員のさまざまな価値観を受け入れてそれを活かしながら,会社の成長につなげていくことが本当の目的だと思います。女性活躍推進はその1つの手段であるということを,社内にきちんと理解してもらえるように気をつけながら進めていきたいです。

—— 4月には新入社員が入ってきますね。

大野氏 私は今年の新入社員研修で,先ほどお話した掃除やお茶出しの話をしようと思っています。これから職場に配属になり,結婚や出産をする人が周りに出てきて,男性と女性の違いを感じるようになったときに,黙ってしまうのではなく,疑問に思ったことをしっかり言えるようになってほしいので,彼ら,彼女らの意識を変えられるようなアプローチをしていく予定です。また,これまでは海外赴任や地方勤務に就くのは,30歳くらい

の社員が多かったのですが，女性の場合にはちょうど結婚や出産の時期に重なってしまい，女性の活躍を進めるうえでのネックになっていました。そこで，これからは早いうちに海外勤務を経験してもらえるように，若い人のチャンスを増やしていきたいと思っています。実際に2012年は，人事部門でもロンドンと北京に1人ずつ，20代の女性を派遣しました。

—— 福井さんはいかがですか。

福井氏 部門によっては女性への見えない壁ができてしまっているところもありますが，よい人材を採用し，長く働いてもらうためには，そのような壁を取り払っていく必要があります。そうして，性別や年齢，国籍に関係なく，サラダボウルのようにいろいろな人が活躍できる柔軟性の高い会社にしていきたいですね。女性のなかには，結婚や出産などのライフイベントでくじけそうになったり，周りにサポートしてくれる人がいなくて心細い思いをしている人もいるかもしれませんが，1人で悩んであきらめるのではなく，訴え続けてほしいと思います。そうすれば，私たち人事本部を含めて，必ず周りに助けてくれる人はいます。

—— 鈴木さんは若い女性に訴えたいことはありますか。

鈴木氏 当社はなんでも言い合える自由な社風，チャレンジする人は報われる会社ですが，なかには自分が女性だから目をかけてもらえないと思っている人もいます。きっと，男性だけでなく女性のほうにも固定観念があって，それを乗り越えるか乗り越えないかは，本人の意志によるところが大きいのではないでしょうか。よく，「ロールモデルがいない」と言う女性がいますが，会社の取組みを待っているだけでなく，自分で外部の研修に参加するなどして動き出せば，社外でロールモデルがみつかるかもしれません。女性であることを意識しすぎないで，やりたいことがあればどんどんチャレンジしてほしいですね。

—— そうですね。いままでの女性たちも，そうやってがんばってきていますからね。

鈴木氏 かつて，女性の地位向上のためにがんばってくれた女性たちがいたように，私たち男女雇用機会均等法世代の女性も，後の世代の女性のためにしっかりと役割を果たさなければいけないと思っています。若い女性

も，次の世代に伝えられるような働き方をしながらがんばってほしいですね。そうやってつないでいけば，だんだん日本も企業も変わって，男性も女性も役割をシェアしながらイキイキと働けていると思います。

―― 大野さんと福井さんは，男性管理職にどのようなことを求めたいですか。

大野氏 男性・女性に関係なく，自分の部下，一緒に働いている多様な人たちを，個別にどうやって育成していけばよいのかを，もっと意識しながらマネジメントしていってほしいですね。そのためにも，女性の活躍推進を他人事と考えるのではなく，興味をもって自分の課題として取り組んでもらうことが大切です。

福井氏 これからは女性だけでなく，外国人や障がい者など，多様な人たちが職場で増えてくると思います。管理職の仕事で一番重要なのは，部下を育てることですから，ダイバーシティの観点を大切にしながら，多様な人材を育成し，マネジメントしていくことがこれからもっと重要になってくると思います。

―― プロジェクト活動も始まり，これからが楽しみですね。

大野氏 今回の取組みがスムーズに進んでいるのは，経営トップが積極的にかかわっているからです。役員会などで，事あるごとに女性の活躍が大事だと言っており，幹部にも女性活躍の重要性が認識されてきています。私たちも，新任課長・部長への研修のなかで，必ずダイバーシティの話をしています。実際に現場で女性をマネジメントしているのは管理職ですから，彼らに働きかけていくことをこれからも続けていきます。

講演会に参加した女性のなかには，「刺激になったけど，どうしたらいいかわからない」と言っている人もいます。会社は，そんな女性への支援体制もしっかりと整えていきたいと思っていますが，まずは自分がどうしたいのかという意思が大事です。そこをじっくり考えてがんばってほしいですね。そうして，みんながイキイキと働ける会社にしていき，いずれは女性管理職の比率が上がっていくという効果が出てくればいいですね。

―― 本日はどうもありがとうございました。

キヤノンのその後…

◇2013年３月，女性活躍推進に関する全社アンケートを実施
◇2013年５月，社内ロールモデルを招き，女性社員や管理職などが参加したパネルディスカッションを開催
◇2013年７月，女性向けマネジメント研修を開始，12月に育児休業復職セミナーを開始

鈴木麻子さんのその後…

　私はいまも，人事本部人事企画部で仕事をしています。2013年３月に社内アンケートを行ったところ，当社では管理職，一般職ともにダイバーシティ，女性の活躍推進について高い関心があることがわかりました。当社のダイバーシティ推進プロジェクト「VIVID」（2012年から活動開始，人事本部からの推薦）に対する社員からの期待は強く，身が引き締まる思いです。また，さまざまな取組みを通じ，外部識者や社内外のロールモデル，管理職，シニア，若手の方々と接する機会を多くもてることにも感謝しています。他社の方々と共通課題について取り組むなどの交流も大変貴重な経験です。これらを，今後の活動に活かしていきたいと考えています。
　会社がこれからも成長し続けていくための重要戦略の１つは，ダイバーシティ推進だと考えています。「VIVID」に寄せられる社内の声には，会社の将来に対する熱い想いが込められており，活動の推進力となっています。数年後には，一人ひとりが自分らしい働き方で，これまで以上にいきいきと活躍していることが目標です。自社のみならず，社会全体の意識が変化して，近い将来，さまざまな人材が活躍している世の中になっていることが理想です。そのために，私も子育てをしながら仕事を続けてきた経験を活かし，企業の一員として少しでも貢献していきたいと思っています。

（すずき・あさこ）

キヤノン：会社概要

設　　　立：1937年8月10日
事業内容：オフィスネットワーク複合機，レーザープリンター，デジタル一眼レフカメラ，半導体露光装置などの製造，販売など
売 上 高：グループ3兆4,798億円（2012年12月31日現在）
従業員数：単体2万5,696人（2012年12月31日現在）
本　　　社：東京都大田区下丸子3丁目30番2号
Ｕ Ｒ Ｌ：http://canon.jp/

パナソニック エイジフリーショップス

キーパーソン

常務取締役

斎藤 隆輔 氏

IT企画推進部 課長
兼ダイバーシティ推進室

小松 多恵子 氏

　介護サービス業を行うパナソニック エイジフリーショップス㈱では，2009年にダイバーシティプロジェクトを発足して，いまでは介護支援などにも取組みを広げています。取材では，キーパーソンの斎藤隆輔常務取締役とダイバーシティ推進室の小松多恵子さんにお話をうかがいました。
　ダイバーシティ推進には，経営層や人事部の協力が欠かせません。斎藤さんは常務取締役とダイバーシティ推進室長という立場で取組みを指揮しています。小松さんは，2013年4月に短時間勤務のまま管理職になりましたが，その背景には本気で女性の活躍を応援する経営陣や男性上司の存在がありました。介護ビジネスを事業としているからこそ，ダイバーシティを企業として体現していくという姿勢は，多くの企業にめざしてほしい，これからのロールモデルです。　　　　　（取材日：2013年4月4日）

父親の入院体験から介護に興味をもち異動

—— 斎藤さんは，常務取締役として，またダイバーシティ推進室室長として，社内のダイバーシティに取り組んでおられます。まず，これまでの経歴についてお聞かせいただけますか。

斎藤氏 当社は，1996年に当時の松下電工内にできた少子高齢化に対応するためのエイジフリー事業部が始まりで，現在は，介護関連器具の開発・販売や介護支援の店舗運営などを行っています。私は1991年に松下電工に入社し，家電製品の商品企画などを担当していました。その後，2000年の介護保険制度の開始に合わせて，エイジフリー事業部を分社化して広げていく際に，社内公募に手をあげて，2000年9月に当社に移りました。そして，営業企画や直営事業を担当した後，2010年からは人事・経理部門にあたる事業・事業管理担当の常務取締役をしています。

—— どうして社内公募に手をあげられたのですか。

斎藤氏 これから伸びていく分野だと思ったこともありますが，一番はがんで入院していた父親に褥瘡（床ずれ）ができた体験をしたからです。「体がやせていくので褥瘡ができるのは仕方がない」と言う人もいましたが，当時まだ30歳過ぎの私は「治療をするはずの病院で，どうしてこんなことになるんだ」と納得できませんでした。どうして褥瘡ができるのかもわからなかったので，自分なりに介護サービスや商品について調べ始めたのが介護に興味をもったきっかけです。

—— ご自身の体験が基になっているのですね。異動してからこれまでを振り返ってみてどうですか。

斎藤氏 1999年に，エイジフリーショップス第1号店が大阪にできたときの部員は10人でした。その後2000年に法人になり，東京・名古屋・福岡へと店舗を広げていきました。いまは直営店が19店，フランチャイズ店が96店あります。事業を始めたころは，利益が出ない状態でしたが，松下電工からは「いまは利益より顧客数を増やすことが大事だ。利益は度外視して

パナソニック エイジフリーショップスのダイバーシティの取組み

2009年11月　人事部内にダイバーシティプロジェクト発足
　　　　　　１期活動スタート（６人）
2010年10月　ダイバーシティ推進室発足
　　　　　　２期活動スタート（14人）
2011年10月　３期活動スタート（12人）
2012年２月　メンター制度創設
2013年５月　４期活動スタート（30人）

女性社員比率：26.7％（全正社員386人／女性103人）
女性管理職比率：13.5％（全管理職37人／女性５人）
※2013年３月31日現在

◆ダイバーシティのビジョン

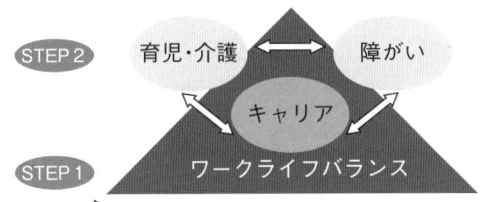

STEP 2　育児・介護　⇔　障がい
キャリア
STEP 1　ワークライフバランス

▶やる気UP ＋ 生産性UP ＝ 組織の活性化

いい」と言われたので，「腹の太い会社だな」と思いました。でも，３年くらいたつと「そろそろ利益を出せ」と言われて（笑），みんなでがんばった結果，2004年に黒字にすることができました。介護保険の改定などで，一時は売上げが落ち込んだときもありましたが，いまは大体順調に伸びており，まさに，介護保険と一緒に成長してきた会社だと思います。

子育ての経験は仕事や人間関係にもプラス

―― 小松さんは2009年に始まったダイバーシティプロジェクトからメンバーとし

て活動されていますが，これまではどのようなお仕事をされてきたのですか。

小松氏 私は，1990年に松下電工に入社して，10年ほどお客さま相談センターで電話の対応などをしていました。私は母の影響で手話を習うなど，障害者との交流に興味があったので，エイジフリー事業部を拡大すると聞いたときに「やってみたい」と思いました。そこで，上司との面談シートに希望を書いて出したところ，ちょうど関東圏に初の直営店を出すので事務を募集しており，2000年の3月に異動してきました。

そして，店舗へのシステム導入，サポートを行っていた2003年に，1人目の子どもができて1年間の育休を取りました。忙しい職場なので休みを取れるか少し不安でしたが，上司は応援してくれて，「ちゃんと帰ってきてよ」とも言ってくれました。ただ，妊娠してからも妊娠前と同じ働き方を続けてしまったので，7カ月目に入る前に切迫早産で入院をすることになり，2カ月早く育休に入ることになりました。その後，復帰して短時間勤務で働いていた2007年に2人目の子どもを出産して，半年育休を取りました。いまは9時15分〜17時15分の短時間勤務で店舗への業務改善などを行うIT事業推進部で働いています。

── 仕事と子育てで忙しいと思いますが，何か変化はありましたか。

小松氏 子どもはよく体調を崩すので，休まなければならないことも多く大変です。でもそれは，子どもがいれば想定しておかなければならないことなので，どうすれば休んでも仕事に支障を来さないかを考えて，優先順位をつけて仕事をするようになりました。子どもがいて時間が限られているいまのほうが，かつてよりも充実していて楽しいですし，仕事も効率的に進めるなど質も高くなったと思います。そして，何より2人の子育てをしながら仕事ができているのは，夫やお互いの両親，そして会社の人など，周りに恵まれているからだと思っています。

── 仕事のなかで，育児の経験が活かされていると思うことはありますか。

小松氏 育休中は，言葉が通じない0歳の子どもを相手にしていたので，仕事に復帰したときはまず，「言葉が通じるのは，すごいことだ」と感じました。そういう意味では，子どもとの関係もダイバーシティなのかなと

思っています。自分の子どもでもよくわからないのに，ましてや他人と100％通じ合えるわけはありません。そう考えるようになってから，人間関係に余裕がもてるようになりました。子どもを産むことは，育休や短時間勤務などデメリットな面にばかり目がいってしまいがちですが，仕事にとっても大きなプラスになると思います。

介護問題に対応する育児・介護メンター制度

―― 御社は介護関係の会社ですので，事業としてダイバーシティにかかわっておられますが，社内のダイバーシティはどうですか。

斎藤氏 2009年ころまで，当社には女性管理職はほとんどいませんでした。しかし，お客さまの7割は女性ですし，現場でも多くの女性が働いています。そこで当時の社長から，女性目線の経営を大事にしたいので，もっと女性社員を活用していこうという提案があり，2009年に人事部内にダイバーシティプロジェクトを作りました。はじめは女性に関する取組みがメインでしたが，いまは介護などダイバーシティ全体に活動の範囲を広げています。

―― 取組みが始まったとき，斎藤さんご自身はどう感じられましたか。

斎藤氏 私はそのとき直営事業担当（執行役員）をしていたのですが，職場では多くの女性が活躍していたので，彼女たちのポジションややる気を高めていく取組みを始めるのはいいことだと思いました。

―― 小松さん，ダイバーシティ推進室がこれまで行ってきた活動についてお聞かせください。

小松氏 ダイバーシティへの取組みは，2009年度から活動を始めて，2013年で5年目になります。メンバーは全員兼務で，期ごとに少しずつメンバーを入れ替えながら活動をしてきました。2009年度の第1期メンバーは私を含めて6人で，全員，会社から指名された女性です。それまでの所属部署も経歴もバラバラで，子どもがいたのは私を含めて2人でした。問題意識も会社に期待することも違う6人でしたが，集まって話し合うなかで「女性の視点だけで，女性支援のことだけ考えていいのか？」という意見が出

てきました。そこで第1期ではまず，これからの当社の女性活躍推進の方向性を決めることに重点をおいてミーティングなどを重ね，「ワークライフバランスがベースとしてあり，キャリア，育児・介護の制度があって，それが組織の活性化につながる」という提言を，社長や役員の前で行いました。

斎藤氏 私は，第2期が始まった2010年度からダイバーシティ推進室室長になりました。第2期は，第1期のメンバー6人と，提言に共感した8人の計14人で，男性の育休取得推進，シゴトダイエット，社員間コミュニケーション強化などに取り組んできました。第3期は小松以外の第1期のメンバーは卒業し，第2期6人と新規メンバー5人の計12人で，興味のある内容ごとに分科会を作って活動してきました。また，女性活躍推進だけでなく，介護問題にも取り組んでいくため，育児・介護のメンター制度を作りました。

―― 育児・介護メンター制度とはどのようなものですか。

小松氏 メンター制度というとキャリア支援を目的としたものが多いと思いますが，当社の制度は育児や介護に特化したメンター制度です。直営店など人数が少ないところでは，育児や介護の経験者が近くにいないことも多いため，相談する相手がおらず悩んで辞めてしまうということもあります。また，第3期メンバーで社員にヒアリングをしたところ，「介護中ですが，上司には話していません」と言う人が多く，介護に関する事業が主体の会社なのに，介護を隠している人が多いことにショックを受けました。そこで，悩んだときに相談できる窓口として，育児・介護メンター制度を始めました。メンターには，育児や介護を経験した社員や，育児・介護支援制度を利用したことがある社員10人に登録してもらっています。まだ始めたばかりだということもあり，いまのところ具体的な相談はありませんが，人事部に申し出れば，ダイバーシティ推進室のメンバーがマッチングを行い，メンターを紹介することになっています。

―― それは他社の先行例になる新しい取組みですね。

斎藤氏 以前，社内でアンケートを取ったところ，介護経験者が30％，介護予備軍も25％いました。合わせて半数以上が介護にかかわっている，も

▶左から順に小松氏, 斎藤氏, 植田氏

しくは今後かかわるかもしれないということです。私たちは介護事業を行っている会社でもあり, 介護が理由の退職は回避したいと考え, このメンター制度を導入しました。

―― 育児ではママネットワークなどで相談することもできますが, 介護は話すのを嫌がる人もいますからね。

小松氏　メンターに登録してほしいと声をかけた介護経験者のなかには,「体験を話すのはつらい」と言って断る方もいました。介護は人に話しにくい事柄だと思われがちですが, 介護休暇を取得した事例を紹介するなどして, 介護をしながらでも仕事は続けられることをみんなに知ってほしいと思っています。

―― 斎藤さんは, 2013年の5月から始まる第4期では, どのような活動をしたいとお考えですか。

斎藤氏　これまでの活動を振り返ってみると, 第1期は方向性づくり, 第2・3期は制度の整備や就業規則などの形づくりを行ってきたので, 第4期ではダイバーシティを社内に浸透させる活動をしていきたいと考えています。そのため, 第4期のメンバーは, 直営店19店, 営業拠点7拠点, そして本社から選ぶ予定です。

―― 小松さんはこれまでの活動を振り返ってどうですか。

小松氏 メンバーには，「働き方を変えたい」「こういうところは改善したほうがいい」という，自分の考えをもっている人が多くいました。仕事と兼務なので大変ではありますが，やりがいがあります。いま，第1期のメンバーのうち2人が育休を取っています。活動を始めたときには子どもがいなかった人たちが，活動していくなかで社内のサポート制度などを知り，働きながら結婚や出産をしていることは，仲間として本当にうれしく思います。また，これまで接点のなかった九州の社員と同じメンバーとして活動できるなど，横のつながりができたことは大きな財産だと思っています。

男性上司の助けもあり短時間勤務のまま課長に

―― 小松さんは2013年4月に課長に昇進されました。しかも，御社では初の短時間勤務中の管理職昇進だそうですね。そこには小松さん自身の努力もあると思いますが，会社の後押しもあったと思います。斎藤さんは，小松さんが管理職になることについて，どう思われましたか。

斎藤氏 2月くらいに小松の直属の上司から相談を受けたときに私が心配したのは，彼女自身の気持ちだけです。彼女は業績も上げていますし，マネジメントもしっかりしているので，課長への昇進試験を受けることに問題はないと思いました。ただ，彼女が短時間勤務のまま課長になると，初めてのケースなので「短時間勤務でなれるのか？」と言う人もいるかもしれません。そこで上司に，それでもいいか本人にしっかり確認してほしいと言ったところ，「それは確認しているので大丈夫です」ということでしたので，本人が納得しているのであればがんばってほしいと思いました。

―― 小松さんは今回，どうして昇進試験を受けようと思われたのですか。

小松氏 実は3年前に，上司から声をかけていただいて昇進試験を受けたのですが，落ちてしまいました。そのときは残念に思いましたが，その後もやりがいのある仕事を任せてもらって楽しく働いていたので，しだいに「課長にならなくてもいいかな」と思い始めていました。ところが同じ部

署のある課長から「あなたがいまのままだと下の人たちが上がれない。後輩のためにも，いまがんばらないといけない」と言われて，「なるほどそういう見方もあるのか」と気づかされました。そんなとき，同じ上司がもう一度声をかけてくださったこともあり，受けることにしました。

　その上司は男性ですが，私が前回落ちたのをすごく気にして，次は受かってほしいと思ってくださっていたようです。「短時間勤務のまま試験を受けるとマイナスになるかもしれないが，どうする？」と言われましたが，もし，通常勤務に戻らないと受からないのであれば，そのときは受からなくてもいいと思ったので「短時間勤務のままで受けます」と答えました。上司は，模擬面接をしてくれたり，提出資料に目をとおしてくれるなど，本当に親身になってアドバイスをしてくれました。いま課長になって，私もその上司のように部下を育てるのが上手な人になりたいと思っています。

―― 課長になって，周りの反応はどうですか。

小松氏　予想以上に多くの人から「おめでとう」と言われたので驚きました。直営店のアシスタントの女性も，電話に出るとまず「おめでとうございます」と言ってくれましたし，これまで一緒に活動してきたメンバーもお祝いのメールをくれました。

斎藤氏　今回，小松が課長になったことで，第1期メンバー全員が管理職になりました。小松たちは知らないと思いますが，これはダイバーシティ推進室を作った目的の1つでもありました。実は，これから管理職になってほしい女性を第1期のメンバーに選んだのですが，実際に彼女たちはいま，管理職として仕事も後輩への指導もがんばってくれています。

勤めてよかったと言われるまで活動を続ける

―― 小松さん，活動するなかで社内に変化はありましたか。

小松氏　月1回の朝会でもダイバーシティの話をしているので，ダイバーシティという言葉は社員に浸透してきたと思っています。取組みも，少しずつですが形になっていて，推進室の男性メンバーのなかから，育休と短

時間勤務を取る人が出ました。育休を取った男性社員は，1人目のときは年休などを使って休んだそうですが，結局，自宅で仕事をしているような状態になってしまったので，2人目のときはしっかり取りたいと，1カ月間の育休を取得しました。推進室のメンバーは，彼の休業をサポートするため，休みの間の部下の育成計画や関係先への対応などを一緒に考えました。また短時間勤務を取った男性社員は，2人目ができたときに1人目の保育園のお迎えのために1カ月間短時間勤務をしました。彼らのケースは実践事例として，社内に紹介しています。

—— そのときの彼らの上司の反応はどうでしたか。

斎藤氏 男性社員が育休を取ったり短時間勤務をすることに驚いて，なかなか納得しなかったですね。そこで，私が直接その上司のところに行って「部下が病気で1カ月入院したら休ませるだろう。事前にわかっている入院だと思えばいい」と言って説得しました。

—— そのとおりですね。でも男性上司には理解しにくいのかもしれませんね。

斎藤氏 当社の男性には，猪突猛進型で仕事ばかりという人が多い気がします。でも，女性，とくに女性管理職は，営業が帰ってきたときには，「お疲れさま」「今日はどうだった？」と声をかけるなど，ふとした気遣いをしてくれます。これは男性にはなかなかできないことだと思っています。

—— 小松さんは女性社員についてどう感じていますか。

小松氏 若い女性社員と話していると，「いまは仕事が忙しいから子どもはひと段落してから」ということをよく聞きます。でも，子どもは運もありますので，作りたいと思ったときにできるとは限りません。仕事をすることと子どもを産むことは二者択一の問題ではないと思うので，子どもを育てながらでもしっかり仕事はできるということを，もっと伝えていきたいですね。そして，女性が結婚や子育てをしながら働き続けるには上司の理解も不可欠なので，そのあたりを，これからのダイバーシティ推進室の活動で広報していきたいと思っています。

—— 小松さんにとって斎藤さんはどういう存在ですか。

小松氏 私たちの意見を尊重してくれて，いつも助けてくれる頼もしい存

在です。

　当社には「31の考え」というのがあり，たとえば毎月1日は「会社の夢と個人の夢を同じにする」日というように，毎日をある1つのテーマを意識する日としていて，3年くらい前から毎日，テーマに関するメールを全社員に配信しています。毎週水曜日は本社の社員が，そして「ライフの充実を仕事に活かす」日としている毎月22日はダイバーシティ推進室のメンバーが書いていますが，それ以外の日は斎藤が，テーマに沿った形で自分の子どもの話や考えていること，出来事などを書いて配信しています。そのこともあって，社員はみんなプライベートを含めて斎藤のことをよく知っていますし，メールを楽しみにしている社員も多くいます。

── それは信頼関係を作るうえで大切なことですね。斎藤さんはこれから御社のダイバーシティをどのように進めていきたいとお考えですか。

斎藤氏　私が携わって4年になりますが，ここまで活動を進めてこられたのは，私が人事部長とダイバーシティ推進室室長そして役員を兼務していることも理由の1つだと思います。ダイバーシティの活動には就業規則の変更や制度策定に関連するものも多いため，人事部と協力しなければなかなか進みません。私はメンバーが考えたものを，そのまま室長の立場で提出し，人事部長として必要な制度を考え，役員会で常務として詳しい内容を自分で説明することができます。そこが，ここまで進めてこられたポイントだと思います。

　ダイバーシティ推進の活動に終わりはありませんが，社員に「エイジフリーショップスに勤めてよかった」と言ってもらえるようになったときが，わざわざメンバーを集めて活動をしなくてもいい段階かなと思っています。これからも，社員にとって，お客さまにとって，なくてはならない会社になるという目標に向かって活動していきたいですね。残念ながら，いまはまだ社員にとって働きやすい会社になっているとは言い難いので，まだまだこれからだと思っています。

── 本日はどうもありがとうございました。

パナソニック エイジフリーショップスのその後…

◇ダイバーシティ推進室では，2013年5月から4期が活動中
◇2013年から，ダイバーシティの取組みを全拠点に水平展開するため，全拠点にメンバーを配置

小松多恵子さんのその後…

　私はいま，生産性向上室兼営業推進課兼ダイバーシティ推進室で，店舗業務の効率化や営業アシスタント管理者として業務標準化の推進をしながら，ダイバーシティ推進室各メンバーの取組みのフォローなどをしています。

　取材後，男性社員のなかで育休を3カ月取得する社員が出て，各地で産休，育休を取得する女性社員も増えています。推進室の4期の男性メンバーからも育休を取得したいという声があがるなど，女性だけでなく男性も育休を取得したいという思いを上司に伝えることができる風土ができつつあります。また，本社スタッフだけでなく，お客さま宅へ訪問する現場社員からの育休を取得をしたいという声に対しても，いまは職種に関係なく休業取得の推進をサポートできるのは，これまで取り組んできた事例があるからだと感じています。1期から働きやすい職場づくりをめざし，メンバー各自が「想い」をもって取り組んだことが社員に浸透していることを実感でき，うれしく思っています。

　これからは，ライフイベントにより時間に制約がある社員も，やりがいをもって仕事を続けることができる仕組み，評価制度を作りたいと考えています。制度を利用する社員が引け目を感じるのではなく，各部署が助け合い，支え合い，「お互いさま」が社風となるように，活動を継続していきたいです。

（こまつ・たえこ）

パナソニック エイジフリーショップス：会社概要

設　　立：2000年8月22日
事業内容：介護機器・用具などの製造・販売，住宅・店舗の設計・施工，介護保険法に基づくサービス事業など
売 上 高：135億円予定（2012年度）
従業員数：532人（2013年3月31日現在）
本　　社：大阪府門真市大字門真1048番地
Ｕ Ｒ Ｌ：http://panasonic.co.jp/es/pesasp/

II インタビュアー・植田寿乃氏に聞く
これからの女性活躍推進

　12社のダイバーシティのキーパーソンへのインタビューをとおして，何が見えましたか？女性活躍，ダイバーシティは，これからどこへ向かうのでしょうか？そして，企業としてできることは何なのでしょうか？
　インタビュアーであり，さまざまな企業で講演・研修をしている植田寿乃氏に，インタビューの振り返りとこれからの女性活躍・ダイバーシティ推進についてお話をうかがいました。

　　　　　　　　　　　　（2013年5月29日のインタビューに加筆
　　　　　　　　　　　　　聞き手：『人事実務』編集部）

未来を拓く女性活躍推進
―企業風土と意識を変える―

ダイバーシティ元年となった2011年

――まずは，2011年8月号から始まった『人事実務』での連載を振り返っての感想をお聞かせください。

　雑誌の連載第1回目となるカルビーに取材に行ったのは，2011年の6月です。その少し前の2011年の3月には，東日本大震災がありました。振り返ってみると，2011年はダイバーシティ元年だったと思います。その前から，いろいろな企業がダイバーシティや女性活躍（以下，ダイバーシティ）の推進に取り組んでいましたが，あまり進んでいませんでした。

　でも，震災をきっかけに私たちの人生観が大きく変わったことで，震災以降はどの会社も本気でダイバーシティに取り組もうとしていると感じました。それは，仕事も大事だけど，家庭も大事だと思うようになったこと，節電の影響などで長時間働くことができなくなり，限られた時間でパフォーマンスを出すことを求められるようになったことで，男性の意識が変わったことが一番の要因だと思います。

――いろいろな企業にご登場いただきましたが，インタビューをとおしてどのような印象をもたれましたか。

　インタビューした会社12社はどこも素晴らしい会社でしたが，かといって特別な会社というわけではありません。ほかにもたくさんの会社が，自社に合った方法でダイバーシティに取り組んでいます。そのなかで，連載に登場した企業に共通していたのは，連載タイトルにもあったように「キーパーソン」の存在です。それも，ダイバーシティに対する熱い思いをもっ

た経営トップ層と，本気で取り組んでいる現場のダイバーシティ担当者というキーパーソンのペアです。この2つがそろったときにダイバーシティの推進は加速するのだと，インタビューをとおして改めて感じました。

――ダイバーシティの担当者には女性が多かったのですが，理由はあるのでしょうか。

　それは，女性は自分のこととしてダイバーシティをとらえるからでしょう。結婚や出産などで人生において背負うものができたときに，働き続ける大変さを感じるのは，男性より女性のほうがまだまだ多いですから，介護で時間に制約があったり，病気，障害などを抱えながら働く方にも共感できるからです。

　そして，育休明けの女性をダイバーシティ担当にする会社も増えています。私が開催している「女性と組織の活性化研究会」（以下，研究会）には，現在，約120企業，約200人が登録していますが，育休明けで担当になった女性がたくさんいます。彼女たちは，担当になってすぐのころは「なんで私が…」と思うようですが，取り組んでいくなかで，しだいに「私がやる意味がわかってきました」と言うようになります。結婚や出産を経験した女性が担当者になると，独身の女性，結婚して子どもがいる女性，両方の気持ちがわかります。だから，担当者に向いているのでしょうね。

――子どもをもつ女性管理職の方にも多数登場いただきました。

　ダイバーシティの担当になったころは，独身だったり子どもが小さかった女性が，その後，結婚したり子どもが成長していくなかで，仕事も家庭も充実させて管理職になっています。

　QUICKの伊藤朋子さんは2013年4月に取締役になりました。QUICKにはダイバーシティの推進部署やプロジェクトなどはありませんが，伊藤さん自身がロールモデルとして会社のダイバーシティを推進しています。伊藤さんは，「取締役になったからこそ，本気で会社を変えていきたい」と言っています。子どもを育てながらがんばっている女性が，会社に認められてイキイキと活躍しているのは見ていてうれしいですね。

　全日本空輸の槇田あずみさんと柿沼郁子さんも，素敵なワーキングマ

ザーとして輝いています。ここでも，彼女たちの生き方，働き方自体が女性社員のロールモデルになっているのです。彼女たちのような女性がきちんと評価され，思ったことを実現できている会社は，ダイバーシティに取り組む風土ができていると思います。

——女性たち自らが，さまざまな活動を始めている会社もありましたね。

　富国生命では，昌宅由美子さんを中心に女性管理職が勉強会を開いていました。富国生命の取組みは，トップダウンで始まったものでもなければ，単なるボトムアップでもありません。経営陣と女性たちがお互いを信頼して尊重し合いながら，推進していました。働いている女性がエネルギーいっぱいに輝いていることこそ，ダイバーシティに取組む会社の理想の姿です。

　また，常口アトムの佐藤裕美さんは，自分の会社の女性社員を応援したいとの思いから，女子部会や研修を開催しています。コアな存在となる女性に実践してもらい，組織風土を変えていくことは，ダイバーシティに取組むうえで重要なポイントとなります。

制度先行ではなく意識を変える

——連載では，女性の活躍を応援している男性上司の話もたくさん出てきました。

　連載に登場した女性たちは，上司に恵まれている人が多かったと思います。パナソニック エイジフリーショップスの小松多恵子さんは，時短勤務のまま管理職になりましたが，上司の存在が大きかったと話しています。小松さんの上司は，労働時間の長さではなく，彼女の能力と働き方をみて管理職に推薦したのです。

　また，カシオ計算機の持永信之さんは3人の子どもを男手1つで育てた元祖イクメンです。その経験があるからこそ，女性が子どもを育てながら働くことがどんなに大変かがわかると深く共感されていました。持永さんは，これまで育児をしていることをあまり話せなかったと言っていましたが，いまはイクメンという言葉が一般的になり，男性が育児にかかわるこ

とを堂々と言える時代に変わってきています。

　オール・デサント労働組合の菅原昌也さんも，労働組合の委員長という立場から，執行役員の女性に積極的に外部研修を受講させるなど，女性を仲間に入れて任せることで，組織を変えていこうとしています。労働組合が会社側の取組みと協調していけば，組織のダイバーシティは加速すると思います。

——男性上司・同僚と女性たちが一緒に取組みを進めている企業も多かったですね。

　カシオ計算機の持永さんに，社内セミナーで女性社員に向けて体験談などを話してもらうことを考えたのは，ワーキンググループ1期メンバーの飯野彩子さんと寺島惠美子さんでした。

　また，ミニストップでは，ダイバーシティ推進委員会の初代委員長の飯久保明さんを中心に，2代目委員長の木下朋子さんや事務局担当の中井智律子さんたちが活動を広げていました。中井さんは，分科会が始まったときからずっと活動に携わっていましたが，ワーキングマザーとしていろいろ悩みながらも，一生懸命に取り組んでいたのを覚えています。

——逆に，優しさから女性に仕事を任せない男性上司もいるというお話もありましたが…。

　男性上司のなかには，「女性は結婚して子どもができたら，男性と同じでなくてもいい」と思っている人も多いようです。仕事と家庭の両立は大変だから，あまり女性に負担をかけてはいけないというある種の優しさかもしれませんが，それは勘違いですよね。その思いの根底には，育休を取ることを戦力外とみなす考えがあるのではないでしょうか。それだと，女性たちの才能にふたをするだけでなく，それ以前に，箱も開けないということになってしまいます。

——安倍晋三首相は，2013年4月の成長戦略のスピーチのなかで育休を最大3年まで延長するといっていますが…。

　すでに法定以上の育休期間を設けている会社はたくさんあります。でも，いまは期間を延ばすよりも，期間いっぱい休むことが女性にとって本当にプラスになるのかを真剣に考えることが大事です。いまの変化の激しい時

代に3年間も休んでしまうと，職場に復帰するときにかなり苦労することになるでしょう。いろいろな事情があるので一概にはいえませんが，3年間の育休の権利があるからといって，みんなが「取らなくては損」という流れになることを一番危惧しています。

——企業のなかには，育休の取得者が増えると職場の負担が増えると考えているところもあるようです。

私が残念に思うのは，育休や短時間勤務を取る女性が増えたことで，制度にぶら下がっている人が多くなったと，逆に育休前の女性たちに対して厳しい接し方で覚悟を促すような会社が出てきていることです。それはおかしいのではないでしょうか。制度は楽をするためではなく，働き続けるためのものです。そのことをきちんと伝えないまま，また，出産・復帰して働く人の気持ちを無視したまま，他社に負けじと制度の充実だけを図ってきたことが，勝手に制度を解釈する女性が出てくるなどの問題を起こしているのです。

いま大事なのは，制度やシステムを立派にするのではなく，全員がイキイキと働き続けられるよう，お互いに応援しあえるような会社に変わっていくことです。

——そのためには，どうすればよいのでしょうか。

研究会に来ている会社のお話ですが，工場のため交代勤務があり，これまでは子どもができると，「どうせ子育てをしながら働き続けるのは無理」と言って辞めてしまう女性が多かったそうです。でも，ここ数年で入社した20代の女性たちは，結婚して子どもができても働き続けたいと強く思っており，27歳の女性を中心に女性活躍推進のプロジェクトを始めました。

彼女たちがやったのは，新しい制度を会社に提案するのではなく，妊娠した女性に「うちにはこんな制度があるから，子どもを産んでも働き続けられるよ」と伝えることでした。また，その人の上司と一緒に，「妊娠おめでとう。待っているから戻ってきてね」と，会社の思いを伝える面談をしているそうです。この会社は，制度ではなくまず，妊娠した女性たちの気持ちを第一に考えているのです。

——取組みがうまくいっていない企業は，どうすればよいのでしょうか。

　よくあるのは，妊娠がわかると「こんな制度があります」「ガイドブックをみてください」と言うだけで終わっている会社です。この話を聞いた他の企業のダイバーシティの女性担当者は，「子どもができた女性のなかに制度を使い放題してしまう人がいるのは，私たち担当者の責任かもしれません」と反省していました。子どもがいても一緒に働いていこうと伝えることが一番大事です。

　そして，働き続けるためには，どんな準備をしておけばいいかや，困ったときの協力体制などについて，事前にしっかりと本人が会社や家族と話し合うことです。そして何より女性自身が，子どもが熱を出したりして迷惑をかけてしまうかもしれないけど，その分，仕事をがんばろうという気持ちをもつことです。

　ダイバーシティについて，「私には関係ありません」と言う女性もいますが，人は1人では生きていけませんよね。いまは，家族のことなど何も背負っていない「お一人さま」でも，60歳を超えても働く時代ですし，人生は長いのでいろいろなことが起きます。「お互いさま」の気持ちで協力しあうことが不可欠です。

　ダイバーシティはよく「多様性」と訳されますが，本当は「多様な人生を背負っている人がイキイキ働く」という意味だと思います。そのなかにはもちろん，シニアや障害者，外国人も含まれます。ただ，「女性についてはある程度整ったから，次はシニア」という考え方はうまくいかないと思います。「次はこれ」ではなく，私は女性の活躍推進をコアに，どんどん広げていくことが，日本におけるダイバーシティだと思います。

これからの管理職に必要なのは「人間力」

——ダイバーシティの時代に，管理職に求められるのはどのようなことでしょうか。

　2000年以前の組織は，男性が主導するオールドキャリアの時代でした。

2000年から強い組織の定義が変わった

オールドキャリア時代 不変の男性主導帝国	ニューキャリア時代 変化のダイバーシティ（多様性）
○揺るがないピラミッド，軍隊 ○命を捧げる企業戦士 ◎強い軍隊の隊長 ○引っ張る，強さ，戦う，勝つ ○頭，テクニック，力で動かす ○部下を鍛える，使いこなす！	○変化に柔軟な組織 ○自分の夢をもつ自立チーム ◎オーケストラの指揮者 ○個の尊重と，調和＆共鳴 ○心の絆，信頼関係，感動 ○部下を育てる，活かす！

☆縦糸の時代から，縦糸＆横糸の布の時代へ！
「しなやかな布になれた組織が強い組織！」

　しかし，これからは変化に柔軟なニューキャリアの時代です。縦糸と横糸が織り合ってしなやかな布になることが強い組織の条件となります。そして，これからの管理職に必要なのは，「人間力」です。「人間力」というと，人としての魅力やもって生まれた性格，テクニックと思われるかもしれませんが，そうではありません。人間力とは，人とかかわることでだんだん磨かれていく力，つまり「心配り」のようなものです。1990年にアメリカのピーター・サロベイとジョン・メイヤーが提唱したEQにあたります。

　人間力リーダーとは，オーケストラの指揮者をイメージしてください。メンバー一人ひとりが楽器をもっていて，いい音色を出すことが重要ですが，みんなが勝手に弾いていたら，ただの不協和音です。指揮者に求められる役割は，自分のチームの楽器ですてきなメロディーをたくさん奏でることです。つまり，いま求められているリーダーは，いろいろな人生を背負っているメンバーたち一人ひとりの力を最大限に発揮させながら，しかもチームとして調和を取れる人です。

――人間力を作るためには，どうすればいいのでしょうか。

　まずは，いろいろな人が集まって感じたことを言い合う場をもつことで

す。ですからダイバーシティ推進に，同じポジション，同じ考え方をもった人たちが集まる階層別研修的なやり方は合いません。性別や年齢，立場もそうですが，いろいろな人生を背負った人たちが集まることがダイバーシティです。多くの企業で，男性・女性，年齢混合でのダイバーシティの講演や研修をやってきましたが，本当に面白いですよ。最初の参加者の座り方で会社の風土がわかったりもします。

　数年前までは，自由席であるにもかかわらず，男性・女性がはっきりと分かれて座る会社がほとんどでした。しかし，2012年にキヤノンで講演をしたときは，同じ自由席でも男性・女性関係なく交ざって座っていました。キヤノンの鈴木麻子さんは，「当社はこれからなので遅いのですが…」と言っていましたが，私はそうは思いませんでした。ダイバーシティで一番大事な，いろいろな人が交ざり合って語り合う職場が，あたり前に体現できていたからです。

——取り組むのが遅い，早いということではないのですね。

　ダイバーシティに，こうあるべきという考え方やマニュアルはありません。国が政策を打ち出したから，他社がやっているからやるのではなく，「いまのわが社に必要だからやるぞ」と思って始めるものです。そして，それに共感する人をどれだけ増やしていくかが大切です。最初は人事部やプロジェクトなど限られた人だけで始めても，だんだんと共感者や応援団を増やしている会社は，上手に進めていると思います。

　2011年の取材時にカルビーのダイバーシティ担当だった後藤綾子さんは異動して，いまは広報部の部長になっています。でも，後藤さんの思いは次のコアメンバーにつながって，各地の工場にも広がっていくなど，どんどん進化しています。

　JR東日本にインタビューをした2012年6月は，ちょうど中川晴美さんから松澤一美さんに担当が替わったときでした。それでも取組みは止まることなく，スムーズに受け継がれていました。

　新日鉄住金エンジニアリングも，飛塚美紀さんから増田梓さんに担当が変わりましたが，思いをつなぎながら活動を続けています。そして，増田

さんたちの活動により，社内に女性活躍やダイバーシティは着実に広がっています。担当者の方々がいろいろ悩みながらもがんばっている姿をみると，本当に頼もしく思います。

そして，女性の場合は担当が替わっても，引き続きダイバーシティを応援してくれる人が多いのが特徴ですね。男性の場合は，ダイバーシティの担当のときは，制度の整備や社内への広報を進めますが，異動するとそれまでのつながりを忘れてしまう人が多いように感じます。

メッセージをしっかり伝える

——いまの日本企業のダイバーシティの推進度はどのくらいだとお考えですか。

ダイバーシティが，もう十分できているという会社はまだないと思います。たしかに女性管理職は増えてきていますが，そこから役員に女性が何人か入るようになるまでには，まだまだ時間がかかるでしょう。でも，いまの流れが続けば，時間はかかっても自然と女性役員は誕生します。その流れを止めることだけはしないでほしいですね。

——政府は2020年までに指導的地位に占める女性を30％にすること，また，上場企業の役員に1人は女性を登用するように要請しています。このような目標は必要でしょうか。

数値目標を嫌がる女性もいるかもしれませんが，男性は目標がないと「うちにはまだ早い，必要ない」と言って逃げてしまうこともあります。ダイバーシティ推進では，まず男性に本気になってもらうことが大事なので，数値目標を掲げることはよいと思います。

ただ同時に，女性社員へのフォローや「お互いさま」の意識の醸成を図っていく必要があります。経営トップ層は，「数値目標のためだけではなく，女性たちにイキイキと活躍してほしいから取り組んでいるんだ」というメッセージをしっかりと伝えてほしいですね。よく，「当社ではこんな盛大なダイバーシティのイベントをやりました」という企業がありますが，

大事なのはイベントの大きさではありません。ダイバーシティの推進は外部に向けて自慢するものではなく，社員全員がイキイキ働き続けるための風土改革です。

――そのためには，どのような方法がよいとお考えですか。

たとえば，定期的にアンケートを取ると，経年で変化をみることができるのでよいと思います。そして，結果を社内に公開することです。男性は記名式だと本音を書かないのですが，女性は記名でも無記名でも本音を書いてきます。アンケートで女性たちがポジティブな意見を書いてくることが増えてきたら，ダイバーシティが進んできた，組織風土改革が進んできたといえます。

そして，女性たちの本音がわかったら，会社はそれをしっかりと受け止めて，施策を行っていくことが大事です。その過程で試行錯誤することも当然あります。

――担当者のなかには，どうやってダイバーシティを進めればいいのか悩んでいる人も多いと思います。

ダイバーシティの担当者は，最初は孤独だと思います。でも，「これは会社にとって必要だ」と思ったら，あきらめずに続けてほしいですね。そこで重要なのは，共感者や応援団を増やしていくことです。もし，会社のなかにそのような人が見当たらなければ，社外で探してもいいと思います。

研究会に来ている会社も，お互いの会社を訪問しあったり，効果があった取組みを教え合ったりしています。それを，だんだん社内に広げていけばいいのです。担当も，はじめは専任のプロジェクトや部門でなくてもかまいません。ただ，プロジェクトなどを作って続けていく場合には，メンバー全員を毎年替えてしまうのは，あまりよくないと思います。ダイバーシティを進めていくためには，かかわる人を増やしていくことが大事なので，メンバーの半数を替えたり，追加でメンバーを増やしていくほうがよいでしょう。

――抵抗勢力と呼ばれる人が多い会社もあると思いますが…。

ダイバーシティに抵抗感を示す人は昔からいました。昔と違うのは，い

まはその人たちが少数派になっていることです。一番いいのは，抵抗勢力の人たちに自分たちはもう少数派だということを早く気づかせることです。ダイバーシティは，これからの企業経営において欠かせないものです。それに反対する人たちには，「では，あなたはイキイキ働いていますか？周りの人のイキイキを応援，サポートしていますか？これからどうやって会社に貢献していくつもりですか？」と聞いてみるといいですね。自分自身の働き方，生き方をしっかり見つめたときに，ダイバーシティ，組織風土改革の必要性をだれもが気づくはずです。

女子力に目を向けて取組みを広げる

——仕事と家庭の両立や働き方などで，悩みをかかえながら働いている女性も多いと思います。メッセージをいただけますか。

　女性はメディアや報道に敏感なので，「あの会社は制度が充実している」といった他社の情報や，政府の「育休3年」という報道に反応しがちです。でも，そのような情報に踊らされるのではなく，まずはいまの会社で自分がイキイキ働くためにはどうすればいいのかを考えてください。制度を都合のいいものと考えるのではなく，自分が働き続けながら輝くためのセーフティネットととらえて，必要であればそれを上手に使い，応援してくれる周りの人たちに感謝しながら，会社に貢献していってほしいですね。

　そして，仕事だけでなく，結婚や出産，育児など，女性だからこそできることも大事にしてほしいと思います。「子育て」こそ，人を育てるリーダーシップの究極の学びの場です。ダイバーシティの推進はまだまだこれからですが，それでも昔に比べると格段に進んでいます。この時代に生まれたからには，やりたいことは全部やってほしいし，そうできると思います。ときには，仕事と家庭の両立でつらいこともあるでしょうし，何かを少し我慢しなければいけない時期もあると思います。でも，最初からあきらめてしまうのはもったいない。チャレンジするだけの価値はあると思います。

——これからもっと活躍する女性が増えてくるでしょうね。

　会社や周囲の期待に応えたいと思っている女性はたくさんいますから，今後も活躍する女性は増えてくると思います。よく女性に言うのは，管理職になるのは偉くなることではないということです。管理職になって部下をもつことは，家族や子どもをもつことと同じだと思います。いまは鍛えるのではなく，育てる時代ですから，女性の管理職に向いているのではないでしょうか。

　また，いまの若い男性のなかには，イクメンや家庭も大事という人が増えています。男性管理職には，これまでのやり方では部下はついてこないということを，早く理解してもらいたいですね。でもいまは，男性管理職のなかにも介護問題を抱える人が増えており，彼ら自身も働き方を考えなければいけなくなっています。いやが応でも変わっていかざるを得ない時代がきているのです。

　——最後に，これからのダイバーシティ推進への想いをお聞かせください。

　男性・女性それぞれの特性はあるかもしれませんが，能力に差はないと思います。お互いの良さを活かせれば，企業風土は変わりますし，もっと強い会社になるでしょう。そのためにも，もっと女性に投資をしてほしいですね。女性は自分が学んだことを社内で広げるなど，横のつながりをしっかりと活かしてくれます。いまこそ本気で女子力に目を向けるときだと思います。

　ダイバーシティは，一朝一夕で完成するものではありません。1年，2年，5年と続けて，やっと組織風土が変わって，推進する本当の意味が生まれてきます。よく，経営トップ層や現場の担当者が替わると取組みを止めてしまう会社がありますが，必要だと思ったら止めないで続けてほしいですね。そのためにも，ダイバーシティの推進がどうして必要なのかという本質に目を向けて，制度やイベントの内容よりも，会社の風土に変化をもたらすような取組みを地道に続けていってください。

　女性管理職数がどれくらい増えたかはもちろん大事ですが，もっと大事なのは，彼女たちが管理職になってもイキイキと働いているか，そして，

後輩の女性たちがそれをめざしてがんばっているかです。ダイバーシティは拡大と浸透が大事ですから，少しずつ共感者を増やしながら広げていってほしいですね。
——どうもありがとうございました。

監修者略歴

植田寿乃（うえだ・ひさの）

有限会社キュー 代表取締役。キャリアコンサルタント（米国CCE,Inc.認定 GCDF-Japan）、ダイバーシティコンサルタント。EQ検査公認インストラクター。
1960年生まれ。筑波大学芸術専門学部卒業。自動車会社の一般職から，（株）ベンチャーリンク，（株）アスキーなどを経て，1991年ANAビジネスクリエイト（株）にてIT事業をたちあげマルチメディア事業部長。1998年IT業界の人材育成を目的に独立し有限会社キュー http://que.co.jp を設立。2000年より人材開発業界に転身。「モチベーション・リーダーシップ」「経営陣，管理職の人間力アップ」「女性と組織の活性化」「メンター育成」に取り組み，各種オリジナルカリキュラムを開発。セミナーや，企業研修・講演等を年間200日実施。年間1,000人のビジネスパーソンへのキャリアコンサルティングも担当。著書に『女性を活かす企業の法則』（日本経済新聞出版社）等多数。通信教育「女性のためのモチベーション・リーダーシップ講座」（きんざい）を2008年より開講。 2007年2月より「女性と組織の活性化研究会」（http://newo.jp/）を主宰し，現在約100社をネットワークしサポート。

女性活躍推進

2014年3月4日　第1版第1刷発行

定価はカバーに表示してあります。

編　者　産労総合研究所

発行者　平　　盛之

㈱産労総合研究所
発行所　出版部　経営書院

〒102-0093
東京都千代田区平河町2—4—7 清瀬会館
電話　03(3237)1601　振替　00180-0-11361

落丁・乱丁本はお取替えいたします。　　印刷・製本　中和印刷株式会社

ISBN978-4-86326-169-3